KB117449

하루 **3** 문장
영어 일기
100일의 기적

하루 3문장
영어 일기 100일의 기적

지은이 서메리
펴낸이 임상진
펴낸곳 (주)넥서스

초판 1쇄 발행 2024년 2월 8일
초판 4쇄 발행 2024년 3월 29일

출판신고 1992년 4월 3일 제311-2002-2호
주소 10880 경기도 파주시 지목로 5
전화 (02)330-5500 팩스 (02)330-5555

ISBN 979-11-6683-767-8 13740

www.nexusbook.com

영 어 자 신 감 이 생 기 는 특 별 한 쓰 기 루 틴

하루 3 문장

영어 일기
100일의 기적

My Own Three-sentence English Diary

100
Days of Miracles

서메리 지음

넥서스

저는 외국에서 살아 본 적은 없지만 영어로 된 책을 우리말로 번역하거나, 영어와 관련된 콘텐츠를 제작하는 일을 하고 있습니다. 이렇게 제가 영어와 관련된 일을 하고 있다고 주변 사람들에게 이야기하면 대부분 다음과 같은 반응을 보입니다.

"영어는 어떻게 공부하셨어요? 저도 영어를 잘하고 싶어요!"

그런 분들에게 왜 영어를 잘하고 싶은지 물으면, 가지각색의 답변을 들을 수 있습니다. 영어 면접을 준비하거나, 영어로 프리젠테이션을 해야 하거나, 또는 외국인 친구를 사귀고 싶다거나, 해외 여행을 더 자유롭게 다니기 위해서 영어를 잘하고 싶다고 말합니다.

답변이 모두 제각각이지만, 저는 그 모든 대답 아래 하나의 메시지가 깔려 있다고 생각합니다. 그건 바로 '영어로 내 생각을 표현하고 싶다'는 욕구이죠. 누구나 한 번쯤은 머릿속에 가득 찬 생각들을 말로 내뱉지 못해 답답했던 경험이 있을 거예요. 우리말로 대화할 때조차 가끔 그런 일이 생기는데, 하물며 외국이라면 오죽하겠어요. 이런 답답함을 해소하고 언어 생활에 자유를 얻고 싶은 분들에게 저는 가장 효과적인 훈련법으로 영어 일기 쓰기를 추천합니다.

영어로 일기를 쓰려면 최소 세 가지 조건이 필요해요. 먼저 쓰고자 하는 일기의 '주제'를 생각해야 하고, 그 주제를 바탕으로 구체적인 '내용'을 만들어야 하죠. 그런 다음에는 기본적인 단어와 문법 지식을 활용해서 실제 '문장'으로 만들어야 합니다. 결코 쉽지 않겠죠? 하지만 반대로 생각해 보면 영어 일기를 쓰는 행위 하나만으로 위의 3단계 훈련을 동시에 하게 되는 것입니다. 영어로 대화할 때 반드시 필요한 과정들을 조금 느리지만 보다 정교하게 연습할 수 있는 것이 바로 영어 일기 쓰기입니다.

〈하루 3문장 영어 일기 100일의 기적〉은 영어 일기에 도전하고 싶은 분들 중에서도 당장 시작하기 두려운 분들을 위해서 쓴 책이에요. 본문에 담긴 100개의 일기에는 활용할 수 있는 다양한 보조 장치들이 담겨 있습니다.

우선 매일 자신을 돌아볼 수 있게 해 주는 질문이 주어지고, 영어 일기 쓰기가 익숙하지 않은 분들을 위해서 샘플 일기를 수록했습니다. 그리고 문장을 만드는 데 있어 도움이 되는 핵심 패턴과 관련 단어들은 별도로 모아서 표시해 두었습니다. 이런 부분들을 참고해서 여러분만의 일기를 써 보세요. 도저히 내용이 떠오르지 않거나 당장 문장을 만들기 버거운 상황이라면, 먼저 주어진 샘플 일기를 따라 써 보는 것만으로도 큰 도움이 될 거예요.

이런 예시로 제시한 샘플 일기에는 실제 저의 생각과 취향이 담겨 있기도 합니다. 여러분이 매일 일기를 쓴다면 하루에 딱 3문장만으로 100일 동안 표현한 여러분의 마음이 차곡차곡 쌓여서 한 권의 책으로 태어날 거예요. 일기 쓰기를 마친 후에 다시 처음부터 읽어 보면 자신도 몰랐던 본인의 생각과 취향이 고스란히 눈에 들어올 겁니다. 그 시간 동안 성장한 영어 실력을 확인하는 건 또 다른 보상이 되겠죠? 나를 이해하며 영어와 친해지는 시간, 영어 일기의 따뜻한 세계로 여러분을 초대합니다.

저자 서메리

오늘의 질문

매일 한 가지 영어 질문을 시작으로 영어 일기를 써 보세요.
일상, 취미, 자기계발, 인간관계에 이르기까지 다양한 영역의 질문
을 제시합니다.

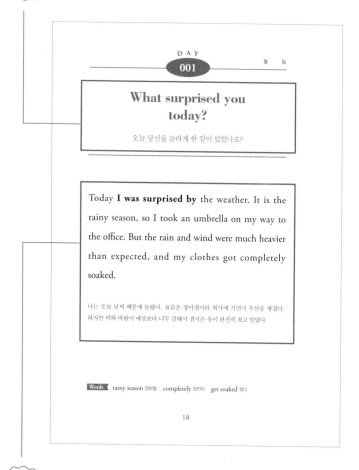

D A Y

001

월 일

What surprised you today?

오늘 당신을 놀라게 한 일이 있었나요?

Today **I was surprised by** the weather. It is the rainy season, so I took an umbrella on my way to the office. But the rain and wind were much heavier than expected, and my clothes got completely soaked.

나는 오늘 날씨 때문에 놀랐다. 요즘은 장마철이라 회사에 가면서 우산을 챙겼다. 하지만 비와 바람이 예상보다 너무 강해서 결국은 옷이 완전히 젖고 말았다.

Words rainy season 장마철 completely 완전히 get soaked 젖다

18

샘플 답변 & 해석

주어진 영어 질문에 맞춰 3문장으로 구성된 샘플 답변을 제
시합니다. 이를 참고해서 영어 일기를 써 보세요.
모바일 페이지와 넥서스 홈페이지에서 원어민 음성을 들으며
학습할 수도 있습니다.

샘플 답변에서 사용된 패턴을 학습할 수 있습니다.
패턴을 사용해서 답변하면 좀 더 쉽게 문장을 만들어
답변할 수 있습니다.

Pattern

I was surprised by 나는 ~ 때문에 놀랐다

- I was surprised by his reaction.
  나는 그의 반응에 놀랐다.

- They were surprised by the good results.
  그들은 좋은 결과에 놀랐다.

- She was surprised by the phone call from her boss.
  그녀는 상사의 전화를 받고 놀랐다.

My own diary

Make your own diary using the pattern.
위의 패턴을 사용해서 자신만의 일기를 써 보세요. 어렵다면 그대로 따라 써 보세요.

매일 주어진 질문에 대해 나만의 영어 일기를 써 보세요. 틀려도 괜
찮습니다. 3문장이면 충분합니다. 처음에는 주어진 샘플 답변을 보
고 그대로 써도 좋습니다. 차츰 익숙해지면 여러분만의 일기를 매일
꾸준하게 작성해 보세요.

CONTENTS

PART 1

일상

Day 1 **What surprised you today?**
오늘 당신을 놀라게 한 일이 있었나요? ··· 18

Day 2 **What makes you smile?**
무엇이 당신을 웃게 하나요? ··· 20

Day 3 **Are you a night owl or an early bird?**
당신은 저녁형 인간인가요, 아침형 인간인가요? ··· 22

Day 4 **What is your favorite color?**
가장 좋아하는 색깔은 무엇인가요? ··· 24

Day 5 **What are your plans for this weekend?**
이번 주말에는 무엇을 할 계획인가요? ··· 26

Day 6 **Do you like vegetables?**
채소를 좋아하나요? ··· 28

Day 7 **If you could live anywhere, which country would you like to live in?**
어디서든 살 수 있다면, 가서 살아 보고 싶은 나라가 있나요? ··· 30

Day 8 **What kind of child were you?**
당신은 어떤 아이였나요? ··· 32

Day 9 **Have you received any practical gifts from someone recently?**
최근에 누군가에게 실용적인 선물을 받은 적이 있나요? ··· 34

Day 10 **Are you a clean person?**
당신은 깔끔한 편인가요? ··· 36

Day 11 **What is the most boring thing you have ever had to do?**
살면서 해야 했던 가장 지루한 일은 무엇이었나요? ··· 38

Day 12 **Do you have any allergies?**
알레르기가 있나요? ··· 40

Day 13 **Are you a positive thinker?**
당신은 긍정적으로 생각하는 편인가요? ··· 42

Day 14 **How are you feeling right now?**
지금 이 순간 기분이 어떤가요? ··· 44

Day 15 **Which holiday do you like the most?**
가장 좋아하는 공휴일은 언제인가요? ··· 46

Day 16 **Is there anything you are looking forward to?**
지금 기대하고 있는 일이 있나요? ··· 48

Day 17 **What do you do to stay healthy?**
건강을 위해 어떤 노력을 하고 있나요? ··· 50

Day 18 **What cities have you been to?**
어떤 도시에 방문해 봤나요? ··· 52

Day 19 **What superpower would you like to have?**
갖고 싶은 초능력이 있나요? ··· 54

Day 20 **What do you prefer, summer or winter?**
여름과 겨울 중 무엇을 더 좋아하나요? ··· 56

Day 21 **What do you do to relax after a long day?**
긴 하루 끝에 긴장을 풀기 위해 무엇을 하나요? ··· 58

Day 22 **Did anything make you feel happy today?**
오늘 당신을 행복하게 한 일이 있었나요? ··· 60

Day 23 **What kind of person do you want to be?**
당신은 어떤 사람이 되고 싶나요? ··· 62

Day 24 **Where is your favorite spot in your house?**
집에서 가장 좋아하는 장소는 어디인가요? ··· 64

Day 25 **What is your most prized possession?**
당신이 가장 소중히 여기는 물건은 무엇인가요? ··· 66

PART 2

취미/취향

Day 26 **Who is your favorite singer?**
당신이 가장 좋아하는 가수는 누구인가요? ··· 70

Day 27 **Where would you like to travel to?**
당신이 여행해 보고 싶은 곳은 어디인가요? ··· 72

Day 28 **Do you like writing?**
글쓰기를 좋아하나요? ··· 74

Day 29 **What do you prefer: taking photos or drawing pictures?**
사진 찍기와 그림 그리기 중 어느 쪽을 선호하나요? ··· 76

Day 30 **Are you into spicy food?**
매운 음식을 좋아하나요? ··· 78

Day 31 **Where is your favorite place to spend time?**
당신이 시간을 보내기 가장 좋아하는 장소는 어디인가요? ··· 80

Day 32 **Do you like playing competitive sports?**
경쟁적인 스포츠에 참여하길 좋아하나요? ··· 82

Day 33 **What was the last awesome experience you had?**
가장 최근에 했던 멋진 경험은 무엇인가요? ··· 84

Day 34 **Can you play any musical instruments?**
연주할 수 있는 악기가 있나요? ··· 86

Day 35 **Have you ever collected anything?**
무언가를 수집해 본 적이 있나요? ··· 88

Day 36 **What was the last book you read?**
가장 최근에 읽은 책은 무엇인가요? ··· 90

Day 37 **What is a new hobby you have picked up recently?**
최근에 새로 생긴 취미가 있나요? ··· 92

Day 38 **Do you like to cook at home?**
집에서 요리하는 것을 즐기나요? ··· 94

Day 39 What was the most memorable film you have ever seen?
가장 기억에 남는 영화는 무엇인가요? ··· 96

Day 40 Do you have a regular exercise routine?
꾸준히 하는 운동 루틴이 있나요? ··· 98

Day 41 Are you tech-savvy?
최신 기기를 잘 다루는 편인가요? ··· 100

Day 42 Do you enjoy drinking alcohol?
술을 즐기는 편인가요? ··· 102

Day 43 If you got a day off, what would you do?
하루 휴가를 받는다면 무엇을 하고 싶나요? ··· 104

Day 44 Are you growing any plants at home?
집에서 식물을 기르나요? ··· 106

Day 45 What do you prefer: an active or relaxing holiday?
활동적인 휴가와 여유로운 휴가 중에서 어느 쪽을 선호하나요? ··· 108

Day 46 If you had enough money to buy anything, what would you buy?
무엇이든 살 수 있을 만큼 충분한 돈이 있다면 무엇을 사고 싶나요? ··· 110

Day 47 Have you ever gone to a concert alone?
혼자 콘서트를 보러 간 적이 있나요? ··· 112

Day 48 What genre of TV shows do you like watching?
TV 채널 중에서 어떤 장르를 가장 좋아하나요? ··· 114

Day 49 Which do you prefer, online shopping or in-store shopping?
온라인 쇼핑과 오프라인 쇼핑 중에서 어느 쪽을 선호하나요? ··· 116

Day 50 What is your favorite animal?
가장 좋아하는 동물은 무엇인가요? ··· 118

PART 3
자기계발

Day 51 **Do you have role models?**
당신의 롤 모델은 누구인가요? ⋯ 122

Day 52 **Are you satisfied with your current job?**
당신은 현재의 직업에 만족하나요? ⋯ 124

Day 53 **Are you a well-adjusted person?**
당신은 적응력이 좋은 편인가요? ⋯ 126

Day 54 **What one word would you choose to describe yourself?**
당신을 한 단어로 묘사한다면, 어떤 단어를 고를 건가요? ⋯ 128

Day 55 **Are there any challenges you are currently facing?**
지금 직면한 도전이 있나요? ⋯ 130

Day 56 **What is your dream job?**
당신에게 꿈의 직업은 무엇인가요? ⋯ 132

Day 57 **Are you good at decision-making??**
당신은 의사 결정을 잘하는 편인가요? ⋯ 134

Day 58 **Do you have a daily routine?**
매일 하는 루틴이 있나요? ⋯ 136

Day 59 **How do you handle stress?**
스트레스를 어떻게 관리하나요? ⋯ 138

Day 60 **What is your favorite quote?**
당신이 가장 좋아하는 명언은 무엇인가요? ⋯ 140

Day 61 **What are your strengths?**
당신의 강점은 무엇인가요? ⋯ 142

Day 62 **What are your weaknesses?**
당신의 약점은 무엇인가요? ⋯ 144

Day 63 **Are you frugal or extravagant?**
당신은 검소한 편인가요, 사치스러운 편인가요? ⋯ 146

Day 64 **What would you like to learn this year?**
올해 배우고 싶은 것이 있다면 무엇인가요? ⋯ 148

Day 65 **How do you feel about change?**
당신은 변화를 어떻게 생각하나요? ⋯ 150

Day 66 **What is your career goal for this year?**
올해의 커리어 목표는 무엇인가요? ⋯ 152

Day 67 **What are your biggest regrets?**
가장 후회했던 경험이 있나요? ⋯ 154

Day 68 **Do you want to run your own business?**
사업을 해 보고 싶은 생각이 있나요? ⋯ 156

Day 69 **When do you feel most proud of yourself?**
자신이 가장 자랑스럽게 느껴질 때는 언제인가요? ⋯ 158

Day 70 **What was your biggest expense this month?**
이번 달의 가장 큰 지출은 무엇이었나요? ⋯ 160

Day 71 **What do you prefer, teaching or learning?**
가르치는 것과 배우는 것 중 어느 쪽을 선호하나요? ⋯ 162

Day 72 **Is there anything you should have done today?**
오늘 했어야 했는데 그렇지 못한 일이 있나요? ⋯ 164

Day 73 **Do you think that you make enough money?**
스스로 돈을 충분히 번다고 생각하나요? ⋯ 166

Day 74 **Where do you get inspiration from?**
당신은 어디에서 영감을 얻나요? ⋯ 168

Day 75 **Where do you want to see yourself in 10 years?**
10년 후의 당신은 어떤 모습일까요? ⋯ 170

PART 4

인간관계

Day 76 **Are you an introvert or extrovert?**
당신은 내향적인 사람인가요, 외향적인 사람인가요? ⋯ 174

Day 77 **Who is the most positive person you know?**
당신이 아는 가장 긍정적인 사람은 누구인가요? ⋯ 176

Day 78 **Are you good at making new friends?**
당신은 새로운 친구를 잘 사귀는 편인가요? ⋯ 178

Day 79 **Who do you count on when you need help?**
도움이 필요할 때 의지할 수 있는 사람이 있나요? ⋯ 180

Day 80 **Are you good at keeping secrets?**
당신은 입이 무거운 편인가요? ⋯ 182

Day 81 **What makes a good friendship?**
'좋은 우정'의 기준은 무엇일까요? ⋯ 184

Day 82 **What topics do you like to talk about?**
당신이 좋아하는 대화 주제는 무엇인가요? ⋯ 186

Day 83 **Are you a punctual person?**
당신은 시간 약속을 잘 지키나요? ⋯ 188

Day 84 **Who was the last person that surprised you in a good way?**
최근에 좋은 의미에서 당신을 놀라게 한 사람이 있었나요? ⋯ 190

Day 85 **Have you made any new friends recently?**
최근에 새로 사귄 친구가 있나요? ⋯ 192

Day 86 **Who is your oldest friend?**
가장 오래된 친구는 누구인가요? ⋯ 194

Day 87 **Do you think you are a resilient person?**
당신은 스스로 회복력이 강한 편이라고 생각하나요? ⋯ 196

Day 88 **Do you ever write letters to people?**
누군가에게 편지를 써 본 적이 있나요? ⋯ 198

Day 89　**Are you good at saying 'no?'**
거절을 잘하는 편인가요? ⋯ 200

Day 90　**Who do you miss right now?**
지금 보고 싶은 사람이 있나요? ⋯ 202

Day 91　**Do you often speak with your family?**
가족과 대화를 자주 나누나요? ⋯ 204

Day 92　**Which do you choose, love or friendship?**
사랑과 우정 중 어느 쪽을 택할 건가요? ⋯ 206

Day 93　**If you could be another person for one day, who would you choose to be?**
하루만 다른 사람으로 살 수 있다면, 누가 되어 보고 싶나요? ⋯ 208

Day 94　**Is there a person you want to know better?**
더 친해지고 싶은 사람이 있나요? ⋯ 210

Day 95　**Who was the teacher you remember the most?**
가장 기억에 남는 선생님이 있나요? ⋯ 212

Day 96　**Have you argued with someone recently?**
최근에 누군가와 말다툼을 한 적이 있나요? ⋯ 214

Day 97　**Who is the most unique person in your life?**
인생에서 가장 독특한 사람은 누구인가요? ⋯ 216

Day 98　**How many phone numbers do you have memorized?**
기억하고 있는 전화번호가 몇 개인가요? ⋯ 218

Day 99　**Do you have friends you can tell a secret to?**
비밀을 털어놓을 수 있는 친구가 있나요? ⋯ 220

Day 100　**What do you want for your birthday?**
받고 싶은 생일 선물이 있나요? ⋯ 222

스마트폰으로 QR코드를 인식하면
MP3를 바로 들을 수 있습니다.

MP3

PART 1

일상

My Own Three-sentence English Diary

DAY

001

월   일

What surprised you today?

오늘 당신을 놀라게 한 일이 있었나요?

Today **I was surprised by** the weather. It is the rainy season, so I took an umbrella on my way to the office. But the rain and wind were much heavier than expected, and my clothes got completely soaked.

나는 오늘 날씨 때문에 놀랐다. 요즘은 장마철이라 회사에 가면서 우산을 챙겼다. 하지만 비와 바람이 예상보다 너무 강해서 결국은 옷이 완전히 젖고 말았다.

Words   rainy season 장마철   completely 완전히   get soaked 젖다

18

I was surprised by 나는 ~ 때문에 놀랐다

☐ I was surprised by his reaction.

나는 그의 반응에 놀랐다.

☐ They were surprised by the good results.

그들은 좋은 결과에 놀랐다.

☐ She was surprised by the phone call from her boss.

그녀는 상사의 전화를 받고 놀랐다.

My own diary

Make your own diary using the pattern.

위의 패턴을 사용해서 자신만의 일기를 써 보세요. 어렵다면 그대로 따라 써 보세요.

What makes you smile?

무엇이 당신을 웃게 하나요?

I am crazy about chocolate. It always brings a smile to my face whenever I taste a piece. No matter how down I feel, the combination of bittersweet dark chocolate and hot black coffee never fails to lift my spirits.

나는 초콜릿을 정말 좋아한다. 초콜릿을 맛볼 때마다 내 얼굴은 항상 미소를 띠게 된다. 아무리 우울한 때라도 달콤쌉쌀한 다크 초콜릿 한 조각에 따뜻한 블랙커피를 곁들여 먹는 순간 기분이 저절로 좋아진다.

Words   taste 맛보다   combination 조합   bittersweet 달콤쌉쌀한

I am crazy about ~ 나는 ~에 열광한다, 푹 빠져 있다

☐ I am crazy about baseball.
나는 야구에 열광한다.

☐ He is not crazy about salad.
그는 샐러드를 그렇게 좋아하지는 않는다.

☐ Susie is crazy about playing the piano.
수지는 피아노 연주에 푹 빠져 있다.

Make your own diary using the pattern.
위의 패턴을 사용해서 자신만의 일기를 써 보세요. 어렵다면 그대로 따라 써 보세요.

Are you a night owl or an early bird?

당신은 저녁형 인간인가요, 아침형 인간인가요?

I used to be an early bird, but lately, I think I've become more of a night owl. These days, I tend to stay up late, often waking up in the afternoon. Interestingly, I find myself more alert and productive in the evenings.

나는 한때는 아침형 인간이었지만, 최근에는 저녁형 인간에 더 가까워졌다고 생각한다. 요즘은 밤늦게 자고 종종 오후가 되어서 일어나기도 한다. 흥미롭게도 저녁 시간이 되면 정신이 또렷해지고 생산성도 더 올라가는 느낌이다.

Words stay up 깨어 있다   alert 정신이 맑은   productive 생산적인

I used to 한때는 ~했었다 (지금은 그렇지 않다)

☐ I used to be obsessed with video games.

나는 한때는 비디오 게임에 중독되어 있었다.

☐ He used to eat meat, but now he is vegan.

그는 한때는 고기를 먹었지만, 지금은 비건이 되었다.

☐ Cameras are a lot cheaper than they used to be.

카메라 가격이 예전에 비해 많이 저렴해졌다.

Make your own diary using the pattern.

위의 패턴을 사용해서 자신만의 일기를 써 보세요. 어렵다면 그대로 따라 써 보세요.

What is your favorite color?

가장 좋아하는 색깔은 무엇인가요?

Black is my favorite color. **I prefer** dark shades **over** bright ones, which influences my fashion choices. My wardrobe mostly consists of simple black or gray clothing rather than items in more vibrant colors.

내가 가장 좋아하는 색은 검정이다. 나는 밝은 색보다 어두운 색을 선호하며, 이런 취향은 패션 스타일에도 영향을 미친다. 내 옷장은 화려한 색보다 심플한 검정색 혹은 회색 옷들로 채워져 있다.

Words　favorite 가장 좋아하는　　influence ~에 영향을 미치다　　wardrobe 옷장
vibrant 색이 밝고 강한

I prefer A over B 나는 B보다 A를 선호한다

☐ I prefer coffee over tea.
나는 차보다 커피를 더 좋아한다.

☐ She prefers pants over skirts.
그녀는 치마보다 바지를 더 선호한다.

☐ Dan enjoys singing, but he prefers dancing.
댄은 노래를 좋아하지만 춤을 더 좋아한다.

Make your own diary using the pattern.
위의 패턴을 사용해서 자신만의 일기를 써 보세요. 어렵다면 그대로 따라 써 보세요.

What are your plans for this weekend?

이번 주말에는 무엇을 할 계획인가요?

I'm planning to make an overnight trip to Jeju with my friends this weekend. We're looking forward to trying tons of delicious food and spending the day swimming. All I need to bring is a backpack with my swimsuit and a beach towel.

나는 이번 주말에 친구들과 제주도에 1박으로 여행을 떠날 계획이다. 그곳에서 맛있는 음식을 잔뜩 먹고 하루 종일 수영을 할 것이다. 내게 필요한 거라곤 수영복과 비치 타올이 들어 있는 작은 여행 가방뿐이다.

Words   overnight trip 1박 여행   tons of 양이 많은   bring 가져가다

I am planning to 나는 ~를 할 계획이다

☐ I am planning to visit my parents tomorrow.
나는 내일 부모님을 찾아뵐 계획이다.

☐ Christine is planning to replace her old computer.
크리스틴은 오래된 컴퓨터를 바꿀 계획이다.

☐ They are planning to go to the park with their daughter.
그들은 딸을 데리고 공원에 갈 계획이다.

Make your own diary using the pattern.
위의 패턴을 사용해서 자신만의 일기를 써 보세요. 어렵다면 그대로 따라 써 보세요.

Do you like vegetables?

채소를 좋아하나요?

I'm more of a meat person. Honestly, I have trouble enjoying the flavor and texture of leafy greens. However, I know it's important to eat vegetables for my health, so I try to eat salads topped with meat to make them more delicious.

나는 '고기파'인 사람이다. 솔직히 초록색 풀의 맛과 식감을 도저히 즐기기가 어렵다. 하지만 건강을 위해서는 채소를 먹어야 한다는 사실을 알기에, 샐러드에 고기 토핑을 올려서라도 먹을 만하게 만들려고 한다.

Words　flavor 맛　texture 식감　leafy 잎이 많은　greens 채소　topped with ~이 올라간

I am a ~ person. 나는 '~파'인 사람이다.

☐ **I am a cat person.**
나는 고양이를 아주 좋아해.

☐ **He is a winter person.**
그는 겨울을 사랑하는 사람이야.

☐ **I am not sure Wendy is a people person.**
웬디가 사람을 좋아하는(사교적인) 타입인지 잘 모르겠어.

Make your own diary using the pattern.

위의 패턴을 사용해서 자신만의 일기를 써 보세요. 어렵다면 그대로 따라 써 보세요.

If you could live anywhere, which country would you like to live in?

어디서든 살 수 있다면, 가서 살아 보고 싶은 나라가 있나요?

I would like to live in America, for a while at least. America is often called a melting pot because of its ethnic and cultural diversity. My life would be so dull if I had only experienced one culture and used one language my whole life.

잠깐이라도 미국에서 살아 보고 싶다. 미국은 민족과 문화의 다양성 때문에 종종 인종의 도가니라고 불리는 나라니까. 평생 단 하나의 문화만 경험하고 하나의 언어만 사용한다면 인생이 너무 지루할 것 같다.

Words ethnic 민족의   diversity 다양성   experience 경험하다

30

I would like to ~ 나는 ~하길 원한다

☐ I would like to learn Chinese.
나는 중국어를 배우고 싶다.

☐ I would like to dedicate myself to film-making.
나는 영화 제작에 인생을 바치고 싶다.

☐ With the weather being so nice, I would really like to go on a picnic. 날씨가 너무 좋아서 나들이를 가고 싶다.

My own diary

Make your own diary using the pattern.
위의 패턴을 사용해서 자신만의 일기를 써 보세요. 어렵다면 그대로 따라 써 보세요.

What kind of child were you?

당신은 어떤 아이였나요?

When I was young, I used to be an introverted and timid girl. At ten, I had a crush on a boy with a bright smile and a great sense of humor. Despite my feelings for him, I **was too** shy **to** express myself and kept my emotions a secret.

나는 어릴 때 내향적이고 소심한 여자아이였다. 열 살 때, 밝은 미소와 재치 있는 유머 감각을 지닌 남자아이에게 반한 적이 있었다. 이런 그에 대한 감정에도 불구하고 감정을 표현하기엔 너무 수줍은 성격이라 좋아하는 마음을 비밀로만 간직했다.

Words introverted 내성적인   timid 소심한   have a crush on ~에게 반하다

be too A to B 너무 A해서 B할 수 없다

☐ I am too tired to drive.
　　나는 너무 피곤해서 운전할 수 없다.

☐ Jessica was too nervous to perform on stage.
　　제시카는 너무 긴장해서 무대 공연을 할 수 없었다.

☐ The movie is too difficult for me to understand.
　　그 영화는 너무 어려워서 내가 이해할 수 없다.

Make your own diary using the pattern.
위의 패턴을 사용해서 자신만의 일기를 써 보세요. 어렵다면 그대로 따라 써 보세요.

33

Have you received any practical gifts from someone recently?

최근에 누군가에게 실용적인 선물을 받은 적이 있나요?

A friend of mine gave me a coffee maker for my birthday a few weeks ago. It was quite practical since I can't live without coffee. **Thanks to** this thoughtful gift, I can now enjoy a fresh cup of coffee every morning.

몇 주 전에 친한 친구가 생일 선물로 커피 메이커를 줬다. 커피 없이 못 사는 내게 그것은 무척 실용적이었다. 이 사려 깊은 선물 덕분에 요즘은 매일 아침 신선한 커피 한 잔을 즐길 수 있게 되었다.

Words practical 실용적인   quite 상당히, 꽤   thoughtful 사려 깊은

thanks to ~ 덕분에

☐ I sleep well thanks to my new pillow.
나는 새로 산 베개 덕분에 잠을 잘 잔다.

☐ Thanks to her help, I finished the work.
나는 그녀의 도움 덕분에 일을 끝낼 수 있었다.

☐ Thanks to Stephen's performance, the team made it to the finals. 스티븐의 활약 덕분에 팀이 결승에 진출했다.

My own diary

Make your own diary using the pattern.
위의 패턴을 사용해서 자신만의 일기를 써 보세요. 어렵다면 그대로 따라 써 보세요.

Are you
a clean person?

당신은 깔끔한 편인가요?

I'm good at tidying up, and it's a skill I've learned out of necessity. I moved to Seoul for university at twenty and have lived independently ever since. Since there is no one to clean my room, I naturally have become good at tidying up and organizing my living space.

나는 정리를 잘하는 편인데, 이는 필요에 의해서 습득한 기술이다. 스무 살 때 대학에 다니려고 서울로 상경했고 그때부터 쭉 혼자 살고 있다. 내 방을 치워 줄 사람이 아무도 없기 때문에 나는 자연스럽게 생활 공간을 잘 정리 정돈하게 되었다.

Words tidy up 정리하다   out of necessity 필요에 의해서   naturally 자연스럽게
organize 정리하다

I am good at 나는 ~를 잘한다

☐ David is very good at drawing.

데이빗은 그림을 아주 잘 그린다.

☐ I am not very good at saving money.

나는 돈을 별로 잘 모으지 못한다.

☐ I have always been good at cooking.

나는 항상 요리를 잘했다.

My own diary

Make your own diary using the pattern.

위의 패턴을 사용해서 자신만의 일기를 써 보세요. 어렵다면 그대로 따라 써 보세요.

What is the most boring thing you have ever had to do?

살면서 해야 했던 가장 지루한 일은 무엇이었나요?

In high school, I found math classes to be really boring. I lacked interest in the subject and felt as though I **was forced to** study just to get good grades. I often wished I could have devoted that time to art or literature.

고등학교 때 들었던 수학 수업은 정말 지루했다. 나는 수학에 흥미가 없었고 단지 좋은 성적을 받기 위해 어쩔 수 없이 공부를 강요당하는 기분이었다. 그 시간에 미술이나 문학을 공부할 수 있었다면 더 좋았으리라고 종종 생각했다.

Words force 강요하다 grade 성적 devote 바치다, 쏟다

be forced to 할 수 없이 ~하다

- ☐ I was forced to take a break.

  나는 하는 수 없이 쉬어야 했다.

- ☐ She was forced to wake up by the noise.

  그녀는 시끄러운 소리 때문에 어쩔 수 없이 일어났다.

- ☐ The company will be forced to raise its prices.

  그 회사는 어쩔 수 없이 가격을 올려야 할 것이다.

My own diary

Make your own diary using the pattern.

위의 패턴을 사용해서 자신만의 일기를 써 보세요. 어렵다면 그대로 따라 써 보세요.

Do you have any allergies?

알레르기가 있나요?

I have an allergy to pollen. I get symptoms like watery eyes and sneezing whenever the pollen count is high. Although I love the warm spring weather, my activities are limited by these allergic reactions.

나는 꽃가루 알레르기가 있다. 꽃가루가 심하게 날리는 날에는 눈물이나 재채기 같은 증상이 나타난다. 따뜻한 봄 날씨를 좋아하는데도 불구하고 이런 알레르기 증상 때문에 활동이 제한되곤 한다.

Words   pollen 꽃가루   symptom 증상   sneezing 재채기   pollen count 꽃가루 수
limit 제한하다

I have an allergy to 나는 ~에 알레르기가 있다.

☐ I have an allergy to animal hair.
나는 동물 털에 알레르기가 있다.

☐ I can't eat shrimp because I have an allergy to shellfish. 나는 갑각류 알레르기가 있어서 새우를 못 먹는다.

☐ One in a hundred children have an allergy to nuts.
아동 100명 중 1명이 견과류 알레르기를 갖고 있다.

My own diary

Make your own diary using the pattern.
위의 패턴을 사용해서 자신만의 일기를 써 보세요. 어렵다면 그대로 따라 써 보세요.

Are you a positive thinker?

당신은 긍정적으로 생각하는 편인가요?

I am trying to be a more positive thinker. There is no doubt that a positive mindset makes life happier than a negative one does. However, I still sometimes give in to negative thoughts, especially in challenging situations.

나는 긍정적으로 생각하는 사람이 되기 위해 노력한다. 긍정적인 마음가짐이 부정적인 생각보다 인생을 더 행복하게 만들어 준다는 사실에는 이견의 여지가 없다. 하지만 여전히 어려운 상황에 맞닥뜨렸을 때 부정적 사고에 사로잡히곤 한다.

Words positive 긍정적인 negative 부정적인 give in to ~에 굴복하다
challenging 어려운, 힘든

I am trying to 나는 ~하려고 노력한다

☐ I'm trying to be more sociable.
나는 좀 더 사교적인 사람이 되려고 노력 중이다.

☐ He is trying to reduce his expenses.
그는 지출을 줄이려고 노력 중이다.

☐ Judy is trying to be a role model to the people around her. 주디는 주변 사람들에게 롤 모델이 되기 위해 노력 중이다.

Make your own diary using the pattern.
위의 패턴을 사용해서 자신만의 일기를 써 보세요. 어렵다면 그대로 따라 써 보세요.

How are you feeling right now?

지금 이 순간 기분이 어떤가요?

I am feeling fantastic after successfully presenting to the client company's top executives. Despite the pressure I experienced throughout the day, the sense of accomplishment made it all worthwhile. It was a challenging yet rewarding day.

클라이언트 회사의 높은 임원들 앞에서 프레젠테이션을 성공적으로 마친 덕분에, 나는 지금 기분이 환상적이다. 종일 큰 압박감에 시달렸지만, 지금 느껴지는 성취감을 생각하면 그럴 가치가 있었다는 생각이 든다. 오늘은 힘들면서도 보람 있는 날이었다.

Words   successfully 성공적으로   executive 임원   accomplishment 성취. 성공
worthwhile 보람이 있는

I am feeling ~ 나는 ~한 기분이다

☐ I am feeling down these days.
나는 요즘 기분이 좋지 않다.

☐ She is feeling better than yesterday.
그녀는 어제보다 기분이 나아졌다.

☐ Jason is feeling happy because he passed the exam.
제이슨은 시험에 통과해서 행복하다.

My own diary

Make your own diary using the pattern.
위의 패턴을 사용해서 자신만의 일기를 써 보세요. 어렵다면 그대로 따라 써 보세요.

Which holiday do you like the most?

가장 좋아하는 공휴일은 언제인가요?

New Year's Day is my favorite because it symbolizes a fresh start and new beginnings. I have never struggled to let go of the old year and embrace the new one. **I like to** stay awake the whole night and spend time with my loved ones.

내가 가장 좋아하는 공휴일은 새로운 시작을 상징하는 설날이다. 나는 지나간 해를 떠나보내고 새해를 맞이하는 데 아쉬움을 느끼지 않는 편이다. 설날이면 밤새 사랑하는 사람들과 시간을 보내길 좋아한다.

Words symbolize 상징하다   let go of ~을 놓아 주다   embrace 받아들이다   awake 깨어 있는   whole 전체의, 완전한   spend 보내다

46

I like to 나는 ~하기를 좋아한다

☐ I like to ride my bicycle.
나는 자전거 타는 것을 좋아한다.

☐ He likes to shop at the local market.
그는 동네 시장에서 장보기를 좋아한다.

☐ Emma likes to have a cup of hot cocoa before bed.
엠마는 잠들기 전에 따뜻한 코코아 한 잔을 마시길 좋아한다.

My own diary

Make your own diary using the pattern.
위의 패턴을 사용해서 자신만의 일기를 써 보세요. 어렵다면 그대로 따라 써 보세요.

Is there anything you are looking forward to?

지금 기대하고 있는 일이 있나요?

I am looking forward to moving to a new place. A few months ago, I decided to leave my current home and began searching for a more affordable room. I found a cozy studio and I'm really looking forward to living in a new environment.

나는 새 공간으로 이사 갈 날을 기대하고 있다. 몇 달 전, 지금 사는 집에서 나가기로 결심하고 좀 더 경제 사정에 맞는 보금자리를 찾기 시작했다. 아늑한 원룸을 찾아냈고, 새로운 환경에서 살게 되는 것이 너무 기대된다.

Words decide 결심하다   affordable 가격이 알맞은   cozy 아늑한   studio 원룸
environment 환경

48

I am looking forward to ~하기를 기대하고 있다

☐ I am looking forward to the weekend.
나는 주말을 기대하고 있다.

☐ They are looking forward to seeing their favorite singer.
그들은 가장 좋아하는 가수를 만나길 기대하고 있다.

☐ My mother is looking forward to the family trip this summer. 우리 엄마는 올 여름에 떠날 가족 여행을 기대하고 있다.

Make your own diary using the pattern.
위의 패턴을 사용해서 자신만의 일기를 써 보세요. 어렵다면 그대로 따라 써 보세요.

What do you do to stay healthy?

건강을 위해 어떤 노력을 하고 있나요?

To maintain good health, **I am taking** several nutritional supplements. Recently, my doctor suggested that my insomnia might be linked to a vitamin deficiency. I started taking Vitamin D and other supplements based on his advice.

나는 건강을 유지하기 위해 여러 종류의 영양제를 복용하고 있다. 최근에 의사로부터 내 불면증의 원인이 비타민 부족일 수 있다는 진단을 받았다. 그의 조언에 따라 비타민 D를 비롯한 다른 영양제들을 챙겨 먹기 시작했다.

Words nutritional supplement 영양제   insomnia 불면증   deficiency 부족, 결핍

I am taking ~을 복용하고 있다

☐ I am taking vitamin supplements.
나는 비타민제를 복용하고 있다.

☐ He is taking medicine for his allergies.
그는 알레르기 약을 복용하고 있다.

☐ I can't drink alcohol because I'm taking medicine.
나는 약을 복용하는 중이라 술을 마실 수 없다.

Make your own diary using the pattern.
위의 패턴을 사용해서 자신만의 일기를 써 보세요. 어렵다면 그대로 따라 써 보세요.

What cities have you been to?

어떤 도시에 방문해 봤나요?

My job requires frequent travel, so **I have been to** many big cities in Korea. Each city has a distinct charm. For instance, Busan boasts a beautiful coastline, Daegu is surrounded by magnificent mountains, and Gwangju is known for its delicious food.

나는 출장을 자주 다니는 직업을 갖고 있어서 여러 국내 도시를 방문해 봤다. 각각의 도시는 서로 다른 매력을 갖고 있다. 가령, 부산에는 아름다운 바다가 있고, 대구는 멋진 산으로 둘러싸여 있으며, 광주는 맛있는 음식으로 유명하다.

Words distinct 저마다의, 독특한   charm 매력   boast ~을 가지고 있다   magnificent 장엄한

I have been to 나는 ~에 방문한 적이 있다

☐ I have been to Paris several times.
나는 파리에 여러 번 가 봤다.

☐ I have been to America on business.
나는 미국에 출장으로 방문했다.

☐ Angelina has been to Germany when she was a child.
안젤리나는 어렸을 때 독일에 가 봤다.

My own diary

Make your own diary using the pattern.
위의 패턴을 사용해서 자신만의 일기를 써 보세요. 어렵다면 그대로 따라 써 보세요.

What superpower would you like to have?

갖고 싶은 초능력이 있나요?

I wish I could predict future events. If I had the ability to glimpse into the future, I would be able to avoid potential dangers. Also, knowing the winning numbers for lottery tickets would be amazing!

나는 미래에 일어날 일을 예지하고 싶다. 미래를 내다보는 능력이 있다면 잠재적인 위험을 피할 수 있을 테니까. 게다가 앞일을 알면 당첨되는 복권 번호를 미리 볼 수 있을 텐데, 이 얼마나 멋진 초능력인가!

Words predict 예측하다   glimpse into ~을 언뜻 보다   potential 잠재적인
amazing 놀라운

I wish I could ~할 수 있으면 좋겠다

☐ **I wish I could buy the shoes.**
그 신발을 살 수 있으면 좋을 텐데.

☐ **I wish I could read his mind.**
그의 마음을 읽을 수 있으면 좋을 텐데.

☐ **I wish I could help her, but I'm too busy now.**
그녀를 도울 수 있다면 좋겠지만, 지금은 너무 바쁘다.

Make your own diary using the pattern.
위의 패턴을 사용해서 자신만의 일기를 써 보세요. 어렵다면 그대로 따라 써 보세요.

What do you prefer, summer or winter?

여름과 겨울 중 무엇을 더 좋아하나요?

I prefer summer over winter. **I am susceptible to** cold weather and easily get chilled. This is probably because I grew up in Busan, a relatively warm region in Korea.

나는 겨울보다 여름을 선호하는 편이다. 나는 겨울 날씨에 약하고 감기에도 잘 걸린다. 어쩌면 이런 체질은 내가 한국에서도 상대적으로 따뜻한 지역인 부산에서 자랐기 때문일지도 모른다.

Words   get chilled 감기에 걸리다   relatively 상대적으로   region 지역

I am susceptible to 나는 ~에 약하다. 민감하다

☐ I am susceptible to stress.
나는 스트레스에 약하다.

☐ He is susceptible to the summer heat.
그는 무더위에 약하다.

☐ Children are generally susceptible to advertisements.
아이들은 일반적으로 광고에 민감하다.

Make your own diary using the pattern.
위의 패턴을 사용해서 자신만의 일기를 써 보세요. 어렵다면 그대로 따라 써 보세요.

What do you do to relax after a long day?

긴 하루 끝에 긴장을 풀기 위해 무엇을 하나요?

I enjoy taking a hot bath. Taking a hot bath after a long day helps me relieve stress and sleep better. I've experimented with several different bath products, **such as** bath bombs and salts.

나는 따뜻한 목욕을 하는 것을 좋아한다. 긴 하루 끝에 따뜻한 목욕을 하면 스트레스가 해소되고 숙면을 취할 수 있다. 입욕제나 소금을 비롯해서 다양한 목욕 용품을 시도해 보고 있다.

Words relieve 완화하다   product 제품   bath bomb 입욕제

such as ~와 같은

☐ I enjoy watching old movies, such as *The Godfather.*
나는 〈대부〉와 같은 올드 무비를 즐겨 본다.

☐ I like to play ball games such as football and basketball.
나는 축구나 농구 같은 구기 종목을 좋아한다.

☐ I have worked in various industries such as IT and marketing. 나는 IT나 마케팅 같은 다양한 산업에서 일했다.

Make your own diary using the pattern.
위의 패턴을 사용해서 자신만의 일기를 써 보세요. 어렵다면 그대로 따라 써 보세요.

DAY

월   일

022

Did anything make you feel happy today?

오늘 당신을 행복하게 한 일이 있었나요?

A book by my favorite author made me happy today. Ever since I heard about her new novel, I've been waiting for its release. **As soon as** I woke up this morning, I hurried to the bookstore and got a copy.

오늘은 내가 가장 좋아하는 작가의 책 덕분에 행복했다. 그녀의 새로운 소설 소식을 들었을 때부터 출간을 목이 빠지게 기다려 왔다. 오늘 아침에 눈을 뜨자마자 서점에 달려갔고, 한 부를 구입했다.

Words author 작가   release 출간   hurry 서둘러 가다

as soon as ~ ~하자마자

☐ We had lunch as soon as we arrived.

우리는 도착하자마자 점심을 먹었다.

☐ Collin turned on the TV as soon as he got home.

콜린은 집에 오자마자 TV를 켰다.

☐ Could you call me as soon as you see this message?

이 메시지를 보자마자 전화 주시겠어요?

My own diary

Make your own diary using the pattern.

위의 패턴을 사용해서 자신만의 일기를 써 보세요. 어렵다면 그대로 따라 써 보세요.

What kind of person do you want to be?

당신은 어떤 사람이 되고 싶나요?

I want to be a person who actively works towards creating a better world. I've seen people who only focus on personal gain, but I aim to be different from them. My goal is to leave behind a more promising world for future generations.

나는 더 나은 세상을 위해 노력하는 사람이 되고 싶다. 자신의 이익만을 위해 노력하는 사람들도 봤지만, 가능하면 그들과는 다른 삶을 살고 싶다. 내 목표는 다음 세대에 더 나은 세상을 물려줄 수 있는 삶을 추구하는 것이다.

Words focus on 집중하다 aim to ~하는 것을 목표로 하다 promising 유망한, 가능성이 높은

I want to be ~ 나는 ~이 되고 싶다

☐ I want to be a good doctor.
나는 좋은 의사가 되고 싶다.

☐ He wants to be close with Christine.
그는 크리스틴과 가까워지고 싶어 한다.

☐ They want to be the best parents in the world.
그들은 세상에서 가장 좋은 부모가 되고자 한다.

My own diary

Make your own diary using the pattern.
위의 패턴을 사용해서 자신만의 일기를 써 보세요. 어렵다면 그대로 따라 써 보세요.

Where is your favorite spot in your house?

집에서 가장 좋아하는 장소는 어디인가요?

My favorite spot in my house is definitely the kitchen. It is a space where I can unleash my passion and creativity. I firmly believe **nothing is more rewarding than** cooking delicious food and sharing it with my loved ones.

내가 우리 집에서 가장 좋아하는 장소는 바로 주방이다. 주방은 내가 열정과 창의 성을 발휘할 수 있는 곳이다. 맛있는 음식을 요리해서 사랑하는 사람들과 함께 먹 는 것보다 더 보람 있는 일은 없다고 확신한다.

Words   unleash 속박을 풀다   passion 열정   creativity 창의성   firmly 확고하게 rewarding 보람 있는

Nothing is more rewarding than ~보다 보람(가치) 있는 것은 없다

☐ Nothing is more rewarding than reading great books.
좋은 책을 읽는 것보다 보람 있는 일은 없다.

☐ Nothing is more rewarding than believing in who you are.
자기 자신을 믿는 것이야말로 가장 보람 있는 일이다.

☐ Nothing is more rewarding than making someone happy.
다른 사람을 행복하게 해 주는 일은 무엇보다 보람 있다.

Make your own diary using the pattern.
위의 패턴을 사용해서 자신만의 일기를 써 보세요. 어렵다면 그대로 따라 써 보세요.

What is your most prized possession?

당신이 가장 소중히 여기는 물건은 무엇인가요?

My most prized possession is my book collection. I have been collecting books since a young age, and now I own over 1,000. My bookshelves resemble treasure chests brimming with valuable knowledge and cherished memories.

내게 가장 소중한 물건은 내 책들이다. 나는 어릴 때부터 책을 모았는데, 덕분에 지금은 1,000권 이상을 가지고 있다. 내게 책장이란 귀중한 지식과 소중한 기억들로 꽉 채워진 보물 상자와도 같다.

Words prized possession 소중한 물건   bookshelf 책장   treasure chest 보물 상자
brim 넘치도록 채우다   cherished 소중하게 간직한

My most prized possession is 내게 가장 소중한 물건은 ~이다

☐ My most prized possession is a picture of my family.
내게 가장 소중한 물건은 가족사진이다.

☐ My most prized possession is a necklace given to me by my lover. 연인이 선물한 목걸이가 내게 가장 소중한 물건이다.

☐ My most prized possession is a watch I bought myself as a graduation gift. 내게 가장 소중한 물건은 졸업 선물로 산 손목시계이다.

Make your own diary using the pattern.
위의 패턴을 사용해서 자신만의 일기를 써 보세요. 어렵다면 그대로 따라 써 보세요.

스마트폰으로 QR코드를 인식하면
MP3를 바로 들을 수 있습니다.

MP3

PART 2

취미/취향

My Own Three-sentence English Diary

Who is your favorite singer?

당신이 가장 좋아하는 가수는 누구인가요?

My favorite singer **is** Taylor Knowles. She is a singer-songwriter and an exceptional performer. I enjoy watching her sing and play the guitar.

내가 가장 좋아하는 가수는 테일러 놀즈이다. 그녀는 싱어송라이터이자 뛰어난 연주자이다. 나는 그녀가 기타 치며 노래하는 모습을 즐겨 감상한다.

Words   favorite 가장 좋아하는   exceptional 뛰어난   performer 연기자, 연주자

My favorite ~ is 내가 가장 좋아하는 ~은 ~이다

☐ Her favorite color is green.

그녀가 가장 좋아하는 색은 초록이다.

☐ My favorite movie is *Roman Holiday*.

내가 가장 좋아하는 영화는 〈로마의 휴일〉이다.

☐ His favorite food is apple pie made by his mom.

그가 가장 좋아하는 음식은 엄마가 만들어 준 애플파이다.

Make your own diary using the pattern.

위의 패턴을 사용해서 자신만의 일기를 써 보세요. 어렵다면 그대로 따라 써 보세요.

Where would you like to travel to?

당신이 여행해 보고 싶은 곳은 어디인가요?

I would like to travel to China. **I came to** realize
that I had never been there. I find it odd since I
enjoy traveling more than anyone, and China is one
of the closest countries to me.

중국으로 여행을 가 보고 싶다. 살면서 중국에 한 번도 가 보지 않았다는 걸 최근에
야 깨닫게 되었다. 평소에 누구보다 여행을 좋아하는 내가 가장 가까운 나라 중 한
곳인 중국을 아직도 방문하지 않았다는 사실이 이상하게 느껴진다.

Words travel 여행하다   realize 깨닫다   odd 이상한

I came to 나는 ~ 하게 되었다

☐ I came to understand him.
나는 그를 이해하게 되었다.

☐ They came to be friends.
그들은 친구가 되었다.

☐ She came to regret her behavior.
그녀는 자신의 행동을 후회하게 되었다.

My own diary

Make your own diary using the pattern.
위의 패턴을 사용해서 자신만의 일기를 써 보세요. 어렵다면 그대로 따라 써 보세요.

Do you like writing?

글쓰기를 좋아하나요?

I don't write novels or plays, but I have been writing journals for many years. Writing is an excellent way to organize your thoughts and opinions. **I am sure** this habit will gradually lead me to a better life.

소설이나 희곡을 쓰진 않지만, 몇 년 동안 일기를 쓰고 있다. 글쓰기는 생각과 의견을 정리하는 훌륭한 수단이다. 나는 이 습관이 내 삶을 단계적으로 좋게 만들어 주리라 확신한다.

Words novel 소설 play 희곡 journal 일기 opinion 의견 gradually 점차적으로

I am sure 나는 ~라고 확신한다

☐ I am sure Teddy will be a big star.
나는 테디가 엄청난 스타가 되리라고 확신한다.

☐ I am sure we can handle this problem.
나는 우리가 이 문제를 해결하리라고 확신한다.

☐ I am sure children will love these toys.
나는 아이들이 이 장난감을 좋아하리라고 확신한다.

Make your own diary using the pattern.
위의 패턴을 사용해서 자신만의 일기를 써 보세요. 어렵다면 그대로 따라 써 보세요.

What do you prefer: taking photos or drawing pictures?

사진 찍기와 그림 그리기 중 어느 쪽을 선호하나요?

Drawing is a great hobby, but it takes a lot of time and effort. I lean towards taking photos with my smartphone. **I am grateful to** live in a world where I can take pictures anytime, even without a decent camera.

그림 그리기는 훌륭한 취미지만 많은 시간과 노력이 필요하다. 그보다는 스마트폰으로 사진을 찍는 편이 좋다. 나는 멋진 카메라 없이도 언제든 사진을 찍을 수 있는 세상에 살고 있다는 사실이 감사하다.

Words   hobby 취미   effort 노력   lean towards ~로 마음이 기울다   grateful ~에게 감사하는

I am grateful to 나는 ~에 감사한다

☐ I am grateful to my parents.

나는 부모님께 감사한다.

☐ I am grateful to have a stable job.

나는 안정적인 직업이 있음에 감사한다.

☐ I am very grateful to you for your help.

내게 도움을 줘서 정말 고마워.

My own diary

Make your own diary using the pattern.

위의 패턴을 사용해서 자신만의 일기를 써 보세요. 어렵다면 그대로 따라 써 보세요.

Are you into
spicy food?

매운 음식을 좋아하나요?

I am crazy about spicy food. Lately, **I've been into** Thai spicy noodles and I had them for dinner five days in a row. I often joke with my friends that the noodles' fiery broth flows in my veins.

나는 매운 음식에 열광한다. 최근에는 매운 태국식 국수에 빠져서 5일 연속으로 저녁마다 먹기도 했다. 나는 종종 친구들에게 내 혈관에 피 대신 매운 육수가 흐른다는 농담을 던진다.

Words ◀ spicy 매운 in a row 연이은 fiery 불같은, 매운 broth 수프 vein 혈관

I am into ~ 나는 ~에 빠져 있다

☐ I'm really into jazz nowadays.
나는 요즘 재즈에 빠졌다.

☐ They are into playing tennis these days.
그들은 요즘 테니스 치는 데 빠졌다.

☐ Betty is really into that new TV series.
베티는 그 새로운 TV 시리즈에 완전히 빠져 있다.

Make your own diary using the pattern.
위의 패턴을 사용해서 자신만의 일기를 써 보세요. 어렵다면 그대로 따라 써 보세요.

Where is your favorite place to spend time?

당신이 시간을 보내기 가장 좋아하는 장소는 어디인가요?

There is a small café near my office named Leaf Coffee. While I haven't visited it many times, it is already one of my favorite places to spend time. Its coffee, music, and desserts are all **second to none** in this area.

우리 사무실 근처에 '리프 커피'라는 이름의 작은 카페가 있다. 아직 많이 방문해 보진 않았지만, 그곳은 벌써 내가 시간을 보내기 가장 좋아하는 장소 중 하나가 되었다. 커피와 음악, 디저트 모두 이 부근에서 가장 뛰어나다.

Words   spend 보내다, 소비하다   visit 방문하다   area 지역, 구역

second to none 누구에게도 뒤지지 않는(가장 뛰어난)

☐ She is second to none as a singer.

그녀는 가수로서 누구에게도 뒤지지 않는다.

☐ He is second to none in this field.

그는 이 분야에서 가장 뛰어나다.

☐ When it comes to sales, Tim is second to none.

영업에는 팀만한 사람이 없다.

My own diary

Make your own diary using the pattern.

위의 패턴을 사용해서 자신만의 일기를 써 보세요. 어렵다면 그대로 따라 써 보세요.

Do you like playing competitive sports?

경쟁적인 스포츠에 참여하길 좋아하나요?

I enjoy exercising, but I'm not very competitive. I prefer to train my body without the pressure of getting high scores. That's why I never participate in matches, even though I enjoy activities like dancing and swimming.

나는 운동을 좋아하지만 경쟁심이 강한 것은 아니다. 좋은 성적을 받아야 한다는 압박감 없이 몸을 단련하는 편을 선호한다. 이런 이유로, 나는 춤과 수영을 좋아하면서도 경기에는 절대 나가지 않는다.

Words competitive 경쟁을 하는, 경쟁심이 강한   train 단련하다   participate in ~에 참여하다

I enjoy 나는 ~하기를 즐긴다

☐ I enjoy meeting new people.
나는 새로운 사람 만나기를 즐긴다.

☐ He enjoys reading in his free time.
그는 여가 시간에 독서를 즐긴다.

☐ She enjoys winter sports such as skiing and snowboarding.
그녀는 스키나 스노보드 같은 겨울 스포츠를 즐긴다.

My own diary

Make your own diary using the pattern.
위의 패턴을 사용해서 자신만의 일기를 써 보세요. 어렵다면 그대로 따라 써 보세요.

What was the last awesome experience you had?

가장 최근에 했던 멋진 경험은 무엇인가요?

Last Saturday, I went to watch a movie **by myself**. It was my first time visiting a cinema alone. I was worried that it would be awkward, but it turned out to be a much better experience than I expected.

지난 토요일에 혼자 영화를 보러 갔다. 혼자서 영화관에 간 건 태어나서 처음이었다. 어색하지 않을까 걱정도 했는데, 막상 해 보니 생각보다 훨씬 멋진 경험이었다.

Words   cinema 영화관   awkward 어색한   experience 경험

by myself 혼자서

☐ I fixed my watch by myself.
나는 손목시계를 혼자 고쳤다.

☐ I went on a trip by myself for the first time.
나는 처음으로 혼자 여행을 떠났다.

☐ I have lived by myself for two years.
나는 2년 동안 혼자 살았다.

Make your own diary using the pattern.
위의 패턴을 사용해서 자신만의 일기를 써 보세요. 어렵다면 그대로 따라 써 보세요.

Can you play any musical instruments?

연주할 수 있는 악기가 있나요?

I can't play any musical instruments. Although I love music, I never put any time or effort into learning one. I regret this decision and often think I **should have learned** to play one.

나는 어떤 악기도 연주할 줄 모른다. 음악을 좋아하긴 하지만, 악기를 배우는 데 시간이나 노력을 할애한 적은 없었다. 지금은 그 결정을 후회하고, 악기를 하나라도 배웠으면 좋았을 거라고 종종 생각한다.

Words   put time/effort into 시간/노력을 투자하다   regret 후회하다

should have + p.p. ~했어야 했다

☐ **I should have studied harder.**

나는 공부를 더 열심히 했어야 해.

☐ **You should have been more careful.**

너는 좀 더 조심했어야 했어.

☐ **Julia should have been an actor.**

줄리아는 배우가 되었어야 했다.

Make your own diary using the pattern.

위의 패턴을 사용해서 자신만의 일기를 써 보세요. 어렵다면 그대로 따라 써 보세요.

Have you ever collected anything?

무언가를 수집해 본 적이 있나요?

I used to collect CDs but **stopped collecting** them when I began listening to music digitally. I still hold onto all of my CDs. But it has been a while since I last listened to music from them.

한때 CD를 수집했지만, 디지털 방식으로 음악을 듣게 되면서 수집을 멈췄다. 지금도 CD를 전부 가지고 있지만 마지막으로 CD 음악을 들은 것은 꽤 오래전 일이 되었다.

Words collect 수집하다   digitally 디지털 방식으로   hold onto 보관하다

stop -ing ~하기를 멈추다

☐ I stopped eating fast food.

나는 패스트푸드를 끊었다.

☐ Stop teasing me!

나 좀 그만 귀찮게 해!

☐ He stopped dancing to take a break.

그는 춤을 멈추고 잠시 쉬었다.

My own diary

Make your own diary using the pattern.

위의 패턴을 사용해서 자신만의 일기를 써 보세요. 어렵다면 그대로 따라 써 보세요.

What was the last book you read?

가장 최근에 읽은 책은 무엇인가요?

Yesterday, I started reading "Pride and Prejudice" by Jane Austen. I picked it up after watching the movie based on the novel and was curious about the original story. I **haven't finished reading** it yet, but the book seems as interesting as the movie.

어제 제인 오스틴의 〈오만과 편견〉을 읽기 시작했다. 얼마 전 이 책을 바탕으로 만들어진 영화를 보고 원작 내용이 궁금해졌기 때문이다. 아직 다 읽지는 못했지만, 책 역시 영화만큼이나 흥미로운 것 같다.

Words pick up 집어 들다. 선택하다   based on ~를 바탕으로 한   curious 궁금해하는

haven't finished -ing ~를 끝마치지 못했다(아직 하는 중이다)

☐ I haven't finished shopping.
나는 아직 쇼핑 중이다.

☐ I haven't finished talking.
내 말 아직 안 끝났어.

☐ He still hasn't finished his work.
그는 아직 일을 끝내지 못했다.

Make your own diary using the pattern.

위의 패턴을 사용해서 자신만의 일기를 써 보세요. 어렵다면 그대로 따라 써 보세요.

What is a new hobby you have picked up recently?

최근에 새로 생긴 취미가 있나요?

I **recently started** practicing yoga. Yoga is more like meditation than a sport: It trains the body and mind at the same time. Thanks to yoga, I have experienced improvements in both my physical and psychological health.

최근에 요가 수련을 시작했다. 신체와 정신을 동시에 훈련한다는 점에서 요가는 스포츠보다는 명상에 가까운 활동이다. 요가 덕분에, 몸과 마음 건강은 동시에 좋아지고 있다.

Words practice 수련하다   meditation 명상   physical 신체적인   psychological 정신적인

recently started ~ 최근에 ~를 시작했다

☐ He recently started a new business.
그는 최근에 새로운 사업을 시작했다.

☐ Earl recently started dating.
얼은 최근에 데이트를 시작했다.

☐ I recently started thinking about becoming an engineer.
나는 최근에 엔지니어라는 직업을 고려하기 시작했다.

My own diary

Make your own diary using the pattern.
위의 패턴을 사용해서 자신만의 일기를 써 보세요. 어렵다면 그대로 따라 써 보세요.

Do you like to cook at home?

집에서 요리하는 것을 즐기나요?

I **try to** cook at home as much as possible. While restaurant food can be delicious, it tends to be more expensive and less healthy than home-cooked meals. I can save money on food and improve my health by cooking at home.

나는 가능한 한 집에서 요리를 해 먹으려고 노력한다. 식당에서 파는 음식은 맛있지만 집밥에 비해 가격도 비싸고 덜 건강하다. 집에서 요리를 하면 식비를 아끼면서 건강까지 챙길 수 있다.

Words tend to ~하는 경향이 있다   save 아끼다, 절약하다   improve 향상시키다

try to ～를 하려고 노력하다

☐ I try to avoid junk food.
나는 몸에 나쁜 음식을 안 먹으려고 노력한다.

☐ She tries to make time for her kids.
그녀는 아이들을 위해 시간을 내려고 노력한다.

☐ People try to keep up with the times.
사람들은 시대에 뒤떨어지지 않으려고 노력한다.

My own diary

Make your own diary using the pattern.
위의 패턴을 사용해서 자신만의 일기를 써 보세요. 어렵다면 그대로 따라 써 보세요.

What was the most memorable film you have ever seen?

가장 기억에 남는 영화는 무엇인가요?

The most memorable film I have ever seen is "The Shawshank Redemption." Its powerful storytelling and compelling characters left a massive impact on me. I rewatch it **from time to time**, and it never fails to move me.

내가 본 영화 중 가장 기억에 남는 것은 〈쇼생크 탈출〉이다. 그 영화의 강렬한 스토리와 흥미로운 캐릭터들은 내게 큰 영향을 미쳤다. 지금도 가끔씩 다시 보는데, 볼 때마다 감동을 받는다.

Words memorable 기억에 남는   compelling 눈을 뗄 수 없을 만큼 흥미로운   massive 커다란   impact 영향   move 감동시키다

from time to time 가끔씩 ~를 하다

☐ I eat pizza from time to time.

나는 가끔 피자를 먹는다.

☐ Call me from time to time!

가끔씩 연락해!

☐ We all feel nervous from time to time.

우리는 누구나 가끔 불안함을 느낀다.

Make your own diary using the pattern.

위의 패턴을 사용해서 자신만의 일기를 써 보세요. 어렵다면 그대로 따라 써 보세요.

Do you have a regular exercise routine?

꾸준히 하는 운동 루틴이 있나요?

I try to exercise regularly, no matter how busy my schedule is. These days, I **engage in** activities like jogging, cycling, and yoga. I am sure this routine will help me promote overall health and well-being.

아무리 바빠도 운동을 규칙적으로 하려고 노력한다. 요즘은 조깅, 사이클, 요가를 비롯한 운동에 참여하고 있다. 나는 이러한 루틴이 내 전반적인 건강과 삶의 질을 끌어올려 주리라고 믿는다.

Words regularly 규칙적으로   promote 향상시키다   overall 전반적인

engage in ~에 참여하다

☐ I engage in volunteer work.

나는 봉사 활동에 참여한다.

☐ He is ready to engage in the contest.

그는 대회에 참여할 준비가 되었다.

☐ Smith didn't want to engage in the conversation.

스미스는 대화에 참여하고 싶지 않았다.

Make your own diary using the pattern.

위의 패턴을 사용해서 자신만의 일기를 써 보세요. 어렵다면 그대로 따라 써 보세요.

Are you tech-savvy?

최신 기기를 잘 다루는 편인가요?

I am tech-savvy. I'm **comfortable using** a wide range of digital tools and I stay updated with the latest trends. Being technologically proficient has been an asset in my personal and professional life.

나는 최신 기기를 잘 다루는 편이다. 다양한 디지털 기기를 쉽게 사용하고, 최신 트렌드도 놓치지 않는다. 이렇게 기술적으로 능숙한 성향은 개인적으로나 업무적으로 자산이 되고 있다.

Words tech-savvy 최신 기술에 능한   a wide range of 다양한   stay updated 최신 정보를 알다   latest 최신   proficient 능숙한   asset 자산

100

be comfortable -ing ~하는 게 편하다, ~를 쉽게(편하게) 할 수 있다

☐ I am comfortable eating alone.
나는 혼자 먹는 게 편하다.

☐ She is comfortable watching horror films.
그녀는 공포 영화를 편안하게 본다.

☐ You will need to be comfortable making big decisions.
너는 큰 결정을 쉽게 내릴 수 있어야 한다.

My own diary

Make your own diary using the pattern.
위의 패턴을 사용해서 자신만의 일기를 써 보세요. 어렵다면 그대로 따라 써 보세요.

Do you enjoy drinking alcohol?

술을 즐기는 편인가요?

Lately, I've been trying to maintain an alcohol-free lifestyle. I haven't drank alcohol for several months, **except for** business dinners with important clients. This habit keeps my mind clear and helps me live better.

최근에 술을 마시지 않는 라이프스타일을 유지하려고 한다. 지난 몇 달간 중요한 고객과의 회식을 제외하면 술을 입에 대지 않았다. 이런 생활 습관은 정신을 또렷하게 해 주고 더 나은 삶을 살게 해 준다.

Words maintain 유지하다 alcohol-free 알코올이 없는 several 몇(여러) 개의

except for ~을 제외하고

☐ I love everything about the shirt except for the color.

색깔만 빼면 나는 그 셔츠를 좋아한다.

☐ All of my grades were good except for science.

내 성적은 과학만 빼고 좋았다.

☐ Our vacation was great except for the rain.

비가 온 것만 빼면 우리의 휴가는 완벽했다.

My own diary

Make your own diary using the pattern.

위의 패턴을 사용해서 자신만의 일기를 써 보세요. 어렵다면 그대로 따라 써 보세요.

If you got a day off, what would you do?

하루 휴가를 받는다면 무엇을 하고 싶나요?

I want to go to a brunch café in Itaewon. This place **is famous for** its fresh salads and sandwiches, but it tends to have long lines on weekday evenings and weekends. When I get a day off, I want to go there and enjoy brunch.

이태원에 있는 브런치 카페에 가고 싶다. 신선한 샐러드와 샌드위치로 유명한 곳인데, 평일 저녁이나 주말에는 줄이 너무 길다. 하루 휴가를 얻는다면 그곳에 방문해서 브런치를 즐기고 싶다.

Words tend to ~하는 경향을 보이다   weekday 평일   weekend 주말   day off 휴가

be famous for ~로 유명하다

☐ He is famous for his speed.
그는 빠른 속도로 유명하다.

☐ Miami is famous for its beautiful beaches.
마이애미는 아름다운 해변으로 유명하다.

☐ What is this restaurant famous for?
이 식당은 뭐가 유명하죠?

Make your own diary using the pattern.
위의 패턴을 사용해서 자신만의 일기를 써 보세요. 어렵다면 그대로 따라 써 보세요.

Are you growing any plants at home?

집에서 식물을 기르나요?

I do not have any plants at home, even though I love plants and admire indoor greenery. The main reason is because I don't have enough space in my house. **It is disappointing that** my room is too small to put pots for plants.

나는 식물을 좋아하고 실내 화초에 대한 로망이 있지만, 현재 집에서 식물을 기르지는 않는다. 가장 큰 이유는 집에 공간이 충분하지 않기 때문이다. 내 방이 화분을 두기에 너무 작다는 건 실망스러운 일이다.

Words   indoor 실내   greenery 화초

It is disappointing that ~해서 실망스럽다

☐ It is disappointing that she gave up.
그녀가 포기해서 실망스럽다.

☐ It was disappointing that the dishes were cold.
음식이 차가워서 실망스러웠다.

☐ It was disappointing that our team lost at the game.
우리 팀이 게임에 져서 실망스러웠다.

My own diary

Make your own diary using the pattern.
위의 패턴을 사용해서 자신만의 일기를 써 보세요. 어렵다면 그대로 따라 써 보세요.

What do you prefer: an active or relaxing holiday?

활동적인 휴가와 여유로운 휴가 중에서 어느 쪽을 선호하나요?

I prefer a relaxing holiday that allows me to recharge. Of course, I appreciate occasional leisure activities, but **I need to** recover my energy with enough rest. I structure my vacations with a short period of active leisure and extended periods of relaxation.

나는 여유로운 휴가를 통해 에너지를 재충전하는 게 좋다. 물론 가끔은 활동적인 레저도 좋지만, 충분한 휴식을 취하면서 에너지를 회복해야 한다. 따라서 나는 휴가를 짧은 레저 활동과 넉넉한 휴식으로 구성하는 편이다.

I need to 나는 ~를 할 필요가 있다

☐ I need to get some sleep.
   나는 잠을 좀 잘 필요가 있어.

☐ We need to improve our English.
   우리는 영어 실력을 향상시킬 필요가 있다.

☐ The car needs to be repaired.
   그 차는 수리해야 한다.

My own diary

Make your own diary using the pattern.
위의 패턴을 사용해서 자신만의 일기를 써 보세요. 어렵다면 그대로 따라 써 보세요.

If you had enough money to buy anything, what would you buy?

무엇이든 살 수 있을 만큼 충분한 돈이 있다면 무엇을 사고 싶나요?

If I had enough money, I would buy a full-sized oven. Right now, I have a small toaster oven, which is only **suitable for** reheating food. I could prepare delicious meals for myself and my guests if I bought a proper oven.

충분한 돈이 있다면 제대로 된 오븐을 구입하고 싶다. 지금 갖고 있는 작은 오븐 토스터는 고작 음식을 데우는 데 적합할 뿐이다. 만약 제대로 된 오븐을 산다면 나 자신과 손님들에게 맛있는 음식을 대접할 수 있을 것이다.

Words full-sized 보통 크기의, 제대로 된   reheat 데우다

suitable for ~에 적합한, 어울리는

☐ I am suitable for this job.

    나는 이 일에 어울려.

☐ Is this book suitable for children?

    이 책이 어린이들에게 적합한가요?

☐ The course is suitable for beginners.

    이 코스는 초보자에게 적합하다.

My own diary

Make your own diary using the pattern.

위의 패턴을 사용해서 자신만의 일기를 써 보세요. 어렵다면 그대로 따라 써 보세요.

Have you ever gone to a concert alone?

혼자 콘서트를 보러 간 적이 있나요?

I **often** go to concerts alone. While sharing these experiences with friends or family is great, watching a show alone allows me to enjoy the music and performance fully. It also provides me with a sense of freedom.

나는 자주 콘서트에 혼자 간다. 친구 또는 가족과 이런 경험을 함께하는 것도 좋지만, 공연을 혼자 보면 음악과 퍼포먼스에 온전히 집중할 수 있다. 이럴 때는 해방감이 느껴지기도 한다.

Words   share 공유하다   experience 경험   provide 제공하다

often 자주, 종종

☐ I often go jogging in the morning.
나는 아침에 자주 조깅을 한다.

☐ Yuna often skips dinner altogether.
유나는 자주 저녁을 거른다.

☐ People often mistake me for my younger sister.
사람들은 자주 나와 내 여동생을 혼동한다.

Make your own diary using the pattern.
위의 패턴을 사용해서 자신만의 일기를 써 보세요. 어렵다면 그대로 따라 써 보세요.

What genre of TV shows do you like watching?

TV 채널 중에서 어떤 장르를 가장 좋아하나요?

I enjoy watching travel documentaries because they introduce me to various cultures. While I want to travel to many countries and meet diverse people, it is impossible **due to** my work. I find it wonderful to explore the world through TV.

다양한 문화를 소개해 주는 여행 다큐멘터리 시청을 좋아한다. 많은 나라를 여행하며 다양한 사람들을 만나 보고 싶은데, 이는 일 때문에 불가능하다. TV를 통해서 세상을 체험할 수 있다는 건 멋진 일이라고 생각한다.

Words introduce 소개하다   various 다양한   diverse 다양한, 다채로운   through ~를 통해

due to ~ 때문에

☐ I am exhausted due to overwork.

나는 과로 때문에 지쳤어.

☐ They won the game due to hard work.

그들은 열심히 노력해서 게임에 승리했다.

☐ The plane was delayed due to the bad weather.

그 비행기는 좋지 않은 날씨 때문에 지연되었다.

Make your own diary using the pattern.

위의 패턴을 사용해서 자신만의 일기를 써 보세요. 어렵다면 그대로 따라 써 보세요.

Which do you prefer, online shopping or in-store shopping?

온라인 쇼핑과 오프라인 쇼핑 중에서 어느 쪽을 선호하나요?

I prefer online shopping because of its convenience. **I can easily** compare prices and read reviews with just a few clicks. Once I got used to online shopping, going out for in-store shopping felt too cumbersome.

나는 편리한 온라인 쇼핑을 선호한다. 온라인에서는 클릭 몇 번으로 쉽게 가격을 비교하거나 리뷰를 확인할 수 있다. 한 번 온라인 쇼핑에 익숙해지니 오프라인 쇼핑이 너무 번거롭게 느껴진다.

Words in-store 매장 내의   convenience 편리함   compare 비교하다
cumbersome 번거로운, 복잡한

I can easily 나는 쉽게 ~할 수 있다

☐ I can easily answer the question.
나는 그 질문에 쉽게 대답할 수 있어.

☐ You can easily follow the course.
너는 그 수업을 쉽게 따라갈 수 있을 거야.

☐ We can easily make friends through social media.
우리는 SNS를 통해 쉽게 친구를 사귈 수 있다.

My own diary

Make your own diary using the pattern.
위의 패턴을 사용해서 자신만의 일기를 써 보세요. 어렵다면 그대로 따라 써 보세요.

What is your favorite animal?

가장 좋아하는 동물은 무엇인가요?

My favorite animal is the dolphin. Dolphins not only have a magnificent appearance but also remarkable intelligence. Watching dolphins swimming freely in the ocean **reminds me of** my carefree childhood.

내가 가장 좋아하는 동물은 돌고래이다. 돌고래는 멋진 외모를 갖췄을 뿐 아니라 지능도 굉장히 높다. 바다에서 자유롭게 헤엄치는 돌고래를 보면 아무 생각 없이 즐거웠던 어린 시절이 떠오른다.

Words magnificent 멋진 appearance 외모 remarkable 놀라운 intelligence 지능 carefree 태평한, 걱정 없는

A remind me of B A는 B를 떠오르게 한다

☐ The movie reminds me of my parents.

그 영화를 보니 우리 부모님 생각이 났다.

☐ This book reminds me of college days.

그 책을 읽으면 대학 때 생각이 난다.

☐ The smell of strawberries reminds me of summer.

딸기 냄새를 맡으면 여름 생각이 난다.

Make your own diary using the pattern.

위의 패턴을 사용해서 자신만의 일기를 써 보세요. 어렵다면 그대로 따라 써 보세요.

스마트폰으로 QR코드를 인식하면
MP3를 바로 들을 수 있습니다.

MP3

PART 3

자기계발

My Own Three-sentence English Diary

Do you have role models?

당신의 롤 모델은 누구인가요?

My role model is Steve Jobs because of his ability to revolutionize multiple industries, **from electronic devices to animated films**. His talent for motivating people is also admirable. He continued to inspire people around the world until he passed from cancer.

내 롤 모델은 스티브 잡스인데, 이는 전자 기기부터 애니메이션 영화까지 다양한 분야에서 혁신을 일으킨 그의 능력 때문이다. 사람들을 고무시키는 그의 재능 또한 존경스럽다. 그는 암으로 세상을 떠나기 직전까지도 전 세계 사람들에게 영감을 주었다.

Words revolutionize 혁신하다   industry 산업   talent 재능   motivate 고무하다
admirable 존경스러운   inspire 영감을 주다

from A to B A에서 B까지

☐ I work from nine to five.

나는 아홉 시부터 다섯 시까지 일한다.

☐ She is perfect from head to toe.

그녀는 머리부터 발끝까지 완벽하다.

☐ Seoul is lively from dawn to dusk.

서울은 아침부터 밤까지 활기가 넘친다.

My own diary

Make your own diary using the pattern.

위의 패턴을 사용해서 자신만의 일기를 써 보세요. 어렵다면 그대로 따라 써 보세요.

Are you satisfied with your current job?

당신은 현재의 직업에 만족하나요?

I am satisfied with my current job. It aligns with my skills and interests and offers opportunities for growth. I also appreciate that, as a freelancer, I can shape my career path and work at my own pace.

나는 현재 직업이 마음에 든다. 이 일은 내 적성과 흥미에도 잘 맞고, 성장의 기회도 제공해 준다. 또한 프리랜서로 일하면서 내 커리어를 스스로 만들고 내 속도대로 일할 수 있는 점도 감사하다.

Words   current 현재의   align with ~와 맞추다   opportunity 기회   pace 속도

I am satisfied with 나는 ~이 만족스럽다

☐ I am satisfied with my new laptop.

나는 새로 산 노트북이 만족스럽다.

☐ I am not satisfied with his explanation.

나는 그의 설명이 만족스럽지 않다.

☐ Team members were satisfied with flexible hours.

팀 멤버들은 탄력 근무제에 만족했다.

Make your own diary using the pattern.

위의 패턴을 사용해서 자신만의 일기를 써 보세요. 어렵다면 그대로 따라 써 보세요.

Are you
a well-adjusted person?

당신은 적응력이 좋은 편인가요?

I'm a well-adjusted person. At my last job, I **got along well with** my coworkers and adapted well to new environments after becoming a freelancer. I believe the key is having a flexible attitude.

나는 적응력이 좋은 편이다. 이전 직장에서 동료들과 잘 지냈고, 프리랜서가 된 이후에도 새로운 환경에 잘 적응했다. 가장 중요한 것은 유연한 태도를 가지는 것이라고 생각한다.

Words well-adjusted 적응을 잘하는   adapt 적응하다   flexible 유연한

get along well with ~와 사이가 좋다

☐ I get along well with my supervisor.

나는 상사와 사이가 좋다.

☐ Ronan gets along well with his colleagues.

로넌은 동료들과 사이가 좋다.

☐ The couple do not get along well with each other.

그 커플은 서로 사이가 좋지 않다.

Make your own diary using the pattern.

위의 패턴을 사용해서 자신만의 일기를 써 보세요. 어렵다면 그대로 따라 써 보세요.

What one word would you choose to describe yourself?

당신을 한 단어로 묘사한다면, 어떤 단어를 고를 건가요?

If I had to choose one word to describe myself, I would say "flexible." **I am** always **willing to** adapt to changing circumstances and embrace new challenges. While change can sometimes feel intimidating, it gives me opportunities for personal growth.

나를 묘사하는 단어를 하나만 골라야 한다면 '유연함'을 고르고 싶다. 나는 항상 변화하는 상황에 잘 적응하고 새로운 도전도 잘 받아들이는 편이다. 때로는 변화가 두렵게 느껴지기도 하지만, 그래도 개인적인 성장의 기회가 될 수 있다.

Words describe 묘사하다   flexible 유연한   adapt to ~에 적응하다   embrace 포용하다, 받아들이다   intimidating 위협적인, 겁을 주는

I am willing to 나는 기꺼이 ~한다

☐ I am willing to help you.
내가 기꺼이 도와줄게.

☐ She is willing to buy the dress.
그녀는 기꺼이 그 원피스를 사려고 한다.

☐ He is willing to learn English to be promoted.
그는 승진을 위해 기꺼이 영어를 배우려고 한다.

Make your own diary using the pattern.
위의 패턴을 사용해서 자신만의 일기를 써 보세요. 어렵다면 그대로 따라 써 보세요.

Are there any challenges you are currently facing?

지금 직면한 도전이 있나요?

I recently received an offer to give a small lecture. While I have been diligent in my work, I have never had the experience of teaching other people. I know **I** have to **try my best to** convey my knowledge to the students effectively.

최근에 소규모 강의를 해 달라고 제안을 받았다. 나는 지금까지 성실하게 일해 왔지만, 누군가를 가르쳐 본 경험은 한 번도 없다. 학생들에게 내가 가진 지식을 효과적으로 전달하기 위해 최선을 다해야 한다는 걸 알고 있다.

Words receive 받다   lecture 강의   diligent 성실한   convey 전하다

130

I try my best to ~를 하기 위해 최선을 다한다

☐ I tried my best to pass this exam.
나는 이 시험에 통과하려고 최선을 다했다.

☐ I will try my best to make you happy.
너를 행복하게 하기 위해 최선을 다할게.

☐ She tried her best to impress the interviewers.
그녀는 면접관에게 깊은 인상을 주려고 최선을 다했다.

My own diary

Make your own diary using the pattern.
위의 패턴을 사용해서 자신만의 일기를 써 보세요. 어렵다면 그대로 따라 써 보세요.

What is your dream job?

당신에게 꿈의 직업은 무엇인가요?

My dream job is to become a novelist. Ever since I was little, **I have been fond of** novels and have wanted to write my own. It would make me feel like a god if I saw the characters I created come to life within the pages.

내 꿈의 직업은 소설가이다. 나는 어린 시절부터 소설을 좋아해 왔고, 내 작품을 쓰고 싶었다. 만약 내가 창조한 캐릭터들이 페이지 안에서 살아 움직이는 모습을 본다면 마치 신이 된 기분일 것만 같다.

I have been fond of 나는 ~를 좋아해 왔다

☐ I have been fond of jazz music recently.
나는 최근에 재즈 음악을 좋아해 왔다.

☐ I have never been fond of yellow.
나는 노란색을 좋아한 적이 없다.

☐ He has always been fond of you.
그는 늘 너를 좋아해 왔어.

Make your own diary using the pattern.
위의 패턴을 사용해서 자신만의 일기를 써 보세요. 어렵다면 그대로 따라 써 보세요.

Are you good at decision-making?

당신은 의사 결정을 잘하는 편인가요?

Honestly, **I am** not **strong at** decision-making. I tend to overthink difficult choices and sometimes find it hard to decide quickly. It's something I am working on improving.

솔직히 말하면, 나는 의사 결정을 잘하지 못한다. 어려운 결정 앞에서 너무 오래 생각하는 경향이 있고, 때로는 신속한 결정을 내리는 데 어려움을 겪기도 한다. 나는 이 부분을 개선하기 위해 노력하고 있다.

I am strong at ~ 나는 ~에 강하다

☐ I am strong at persuasion.
나는 설득에 강하다.

☐ Not everyone is strong at math.
모두가 수학에 강한 것은 아니다.

☐ He is strong at swimming, especially at the butterfly
stroke. 그는 수영에 강한데, 특히 접영에 강하다.

My own diary

Make your own diary using the pattern.
위의 패턴을 사용해서 자신만의 일기를 써 보세요. 어렵다면 그대로 따라 써 보세요.

Do you have a daily routine?

매일 하는 루틴이 있나요?

I include daily yoga in my routine. It helps me maintain my mental balance. **It is not** always **easy to** practice yoga after a long and busy day, but it brings me a sense of calmness and helps me organize my thoughts.

나는 매일 하는 요가를 루틴에 넣었다. 요가는 정신 균형을 유지하는 데 도움을 준다. 길고 바쁜 하루를 마치고 요가 수련을 한다는 게 항상 쉽지는 않지만, 그렇게 하면 마음이 차분해지고 생각도 정리된다.

Words include 포함시키다   calmness 평온, 평안   organize 정리하다

It is not easy to ~를 하는 것은 쉽지 않다

☐ It is not easy to be brave.

용기 있는 사람이 되는 건 쉽지 않다.

☐ It is not easy to get into a college.

대학에 가는 것은 쉽지 않다.

☐ It is not easy to be a good parent.

좋은 부모가 되는 것은 쉽지 않다.

Make your own diary using the pattern.

위의 패턴을 사용해서 자신만의 일기를 써 보세요. 어렵다면 그대로 따라 써 보세요.

DAY
059

월   일

How do you handle stress?

스트레스를 어떻게 관리하나요?

When I get stressed, **I attempt to** relieve it by eating delicious food. Fried chicken never fails to lift my spirits, no matter how messy the situation is. Eating good food lets me tackle work with a refreshed mindset.

나는 스트레스를 받으면 맛있는 음식을 먹어서 해소하려고 하는 편이다. 상황이 아무리 엉망일 때라도, 후라이드 치킨을 먹으면 무조건 기분이 좋아진다. 맛있는 음식을 먹고 나면 새로운 마음으로 일을 착수할 수 있다.

Words relieve 해소하다   messy 엉망진창인   tackle (일에) 달라붙다

138

I attempt to ~ 나는 ~하려고 노력한다

☐ I attempted to reduce the workload.

나는 일을 줄이려고 노력했다.

☐ I will attempt to answer your questions.

당신의 질문에 대답하도록 노력할게요.

☐ He attempted to defend himself.

그는 변명을 하려고 노력했다.

My own diary

Make your own diary using the pattern.

위의 패턴을 사용해서 자신만의 일기를 써 보세요. 어렵다면 그대로 따라 써 보세요.

What is your favorite quote?

당신이 가장 좋아하는 명언은 무엇인가요?

My favorite quote is by Abraham Lincoln: 'The best way to predict the future is to create it.' I reflect on this sentence **whenever I** feel lost and uncertain about my future. It gives me the courage to attempt something, even in situations where nothing is certain.

내가 가장 좋아하는 명언은 에이브러햄 링컨의 "미래를 예측하는 가장 좋은 방법은 미래를 창조하는 것이다"이다. 길을 잃은 듯한 기분이 들거나 내 미래에 대해 확신이 서지 않을 때마다 나는 이 문장을 떠올린다. 그러면 아무것도 알 수 없는 상황에서도 뭔가 해 보자는 용기가 생긴다.

Words predict 예측하다 create 창조하다 reflect 떠올리다 courage 용기

Whenever I ~ 내가 ~할 때마다

☐ Whenever I watch this movie, I cry.

나는 이 영화를 볼 때마다 운다.

☐ Whenever I have free time, I go for a walk.

나는 시간이 날 때마다 산책을 간다.

☐ Whenever I hear this song, I feel so alive.

나는 이 노래를 들을 때마다 살아 있는 기분을 느낀다.

Make your own diary using the pattern.

위의 패턴을 사용해서 자신만의 일기를 써 보세요. 어렵다면 그대로 따라 써 보세요.

What are
your strengths?

당신의 강점은 무엇인가요?

One of my strengths is my commitment to continuous learning. As someone who works in an ever-changing environment, **it isn't right to** settle for the status quo. I try to stay updated with new trends to make sure I don't miss valuable opportunities.

내 강점 중 하나는 계속해서 배우려고 노력하는 자세이다. 끝없이 변화하는 환경에 서 일하는 사람으로서, 현재 상태에 안주하려는 것은 옳지 않다. 나는 귀중한 기회 를 놓치지 않기 위해 새로운 트렌드를 계속 따라가려고 노력한다.

Words commitment 노력   settle 안주하다. 정착하다   status quo 현재 상태

It is not right to ~ ~하는 것은 옳지 않다

☐ It is not right to tell lies.
거짓말을 하는 것은 옳지 않다.

☐ It is not right to blame others.
다른 사람을 비난하는 것은 옳지 않다.

☐ It is not right to kill animals.
동물을 죽이는 것은 옳지 않다.

My own diary

Make your own diary using the pattern.
위의 패턴을 사용해서 자신만의 일기를 써 보세요. 어렵다면 그대로 따라 써 보세요.

What are
your weaknesses?

당신의 약점은 무엇인가요?

One of my weaknesses is that I can be susceptible to pressure. For instance, **I sometimes find it difficult to** manage stress when I have tight deadlines. I'm trying to exercise and meditate more every day to help solve this problem.

내 약점 중 하나는 압박감에 약하다는 것이다. 예를 들어서, 나는 촉박한 마감 일정이 있을 때면 스트레스 관리를 제대로 못 하는 경향을 보인다. 매일 운동과 명상을 하며 이런 문제를 해결하기 위해 노력하고 있다.

Words be susceptible to ~에 약하다   tight 촉박한   meditate 명상을 하다

I find it difficult to 나는 ~하는 게 어렵다

☐ I find it difficult to cook.
나는 요리하는 게 어렵다.

☐ I find it difficult to sing high notes.
나는 고음으로 노래하기가 어렵다.

☐ I find it difficult to pronounce long words in English.
나는 영어의 긴 단어들을 발음하는 게 어렵다.

Make your own diary using the pattern.

위의 패턴을 사용해서 자신만의 일기를 써 보세요. 어렵다면 그대로 따라 써 보세요.

Are you
frugal or extravagant?

당신은 검소한 편인가요, 사치스러운 편인가요?

Most of the time I consider myself frugal. But saving money is harder **when it comes to** food. Whenever I see unique ingredients or hear about renowned restaurants, my wallet opens involuntarily.

나는 대부분의 경우 검소하다고 생각한다. 하지만 음식에 관해서만큼은 돈을 절약하기가 어렵다. 독특한 식재료를 보거나 유명한 식당에 대한 소문을 들으면 내 지갑은 저도 모르게 열리고 만다.

Words frugal 검소한   extravagant 사치스러운   consider ~라고 여기다   renowned 유명한   involuntarily 저도 모르게

When it comes to ~만큼은, ~에 관해서는

☐ I'm not very good when it comes to math.

나는 수학만큼은 잘 못한다.

☐ She is the best when it comes to persuasion.

설득에 관해서는 그녀가 최고다.

☐ You can count on him when it comes to fashion.

패션에 관해서는 그를 믿어도 돼.

My own diary

Make your own diary using the pattern.

위의 패턴을 사용해서 자신만의 일기를 써 보세요. 어렵다면 그대로 따라 써 보세요.

What would you like to learn this year?

올해 배우고 싶은 것이 있다면 무엇인가요?

I want to learn to code this year. With coding becoming more and more important, I feel more anxious since I don't know anything about this area. **I aim to** grasp the basics of coding, even if I don't master advanced techniques.

나는 올해 코딩을 배우고 싶다. 코딩이 점점 더 중요해지면서 나는 이 분야에 대해 전혀 모르는 상태라 마음이 더 불안하다. 고급 기술을 마스터하지는 못하더라도, 코딩의 기본 지식 정도는 알아 두고 싶다.

I aim to ~ 나는 ~하는 게 목표다

☐ I aim to be promoted within two years.
  나는 2년 안에 승진하는 게 목표다.

☐ I aim to read one book every month.
  나는 한 달에 책을 1권씩 읽는 게 목표다.

☐ I am to finish this work by 1:30.
  나는 이 업무를 1시 30분까지 끝내는 게 목표다.

My own diary

Make your own diary using the pattern.
위의 패턴을 사용해서 자신만의 일기를 써 보세요. 어렵다면 그대로 따라 써 보세요.

How do you feel about change?

당신은 변화를 어떻게 생각하나요?

I believe that change can be both frightening and exciting. At first, I might be nervous about entering the unknown, but as time passes, I discover personal growth. In that sense, **I see** change **as** an opportunity to evolve.

나는 변화가 두려운 동시에 설레는 것이라고 생각한다. 처음에는 낯선 것에 적응하는 것이 두려울 수도 있지만, 시간이 지나면서 성장한 나 자신을 발견하게 된다. 그런 의미에서, 나는 변화가 발전을 위한 기회라고 생각한다.

Words frightening 무서운   evolve 진화하다, 발전하다

I see A as B 나는 A를 B라고 생각한다

☐ I see her as my mother.
나는 그녀가 엄마나 마찬가지라고 생각한다.

☐ I see this as a big problem.
나는 이것이 큰 문제라고 생각한다.

☐ I see the product as the company's future.
나는 그 제품이 회사의 미래라고 생각한다.

Make your own diary using the pattern.
위의 패턴을 사용해서 자신만의 일기를 써 보세요. 어렵다면 그대로 따라 써 보세요.

What is your career goal for this year?

올해의 커리어 목표는 무엇인가요?

My career goal for this year is to improve my English. I'm having more and more occasions where I need to communicate with clients in English. **I'm considering taking** private lessons from a native English speaker after work.

올해의 커리어 목표는 영어 실력을 향상시키는 것이다. 클라이언트와 영어로 소통해야 하는 상황이 점점 더 많아지고 있기 때문이다. 나는 퇴근 후에 영어 원어민에게 과외받는 것을 고려 중이다.

I am considering -ing 나는 ~하는 것을 고려 중이다

☐ I am considering studying abroad.

나는 해외 유학을 고려 중이다.

☐ She is considering buying a new camera.

그녀는 새 카메라 사는 것을 고려 중이다.

☐ My wife and I are considering investing in stocks.

아내와 나는 주식 투자를 고려 중이다.

My own diary

Make your own diary using the pattern.

위의 패턴을 사용해서 자신만의 일기를 써 보세요. 어렵다면 그대로 따라 써 보세요.

What are your biggest regrets?

가장 후회했던 경험이 있나요?

My biggest regret is not choosing the major I wanted when I entered university. **I gave up studying** art because I was worried about getting a job. If I could go back, I would study painting at an art college.

내 최대의 후회는 대학에 들어갈 때 내가 원하는 전공을 선택하지 않은 것이다. 그때 나는 취업 걱정 때문에 예술 전공을 포기했다. 만약 그 시절로 돌아갈 수 있다면, 나는 예술 대학에 가서 미술을 배우고 싶다.

Words regret 후회   choose 선택하다   major 전공

I gave up -ing 나는 ~하기를 포기했다

☐ I gave up reading the book.

나는 그 책을 읽는 것을 포기했다.

☐ He gave up adopting a pet.

그는 반려동물 입양을 포기했다.

☐ She gave up becoming an engineer.

그녀는 엔지니어가 되는 것을 포기했다.

Make your own diary using the pattern.

위의 패턴을 사용해서 자신만의 일기를 써 보세요. 어렵다면 그대로 따라 써 보세요.

Do you want to run your own business?

사업을 해 보고 싶은 생각이 있나요?

I've never thought about running a business. The risk of the company failing is too scary. Even if I do not make much money, I want to live a stable life by doing a job with less stress and danger.

나는 사업을 운영한다는 생각을 해 본 적 없다. 회사가 망할 수도 있다는 위험 요소가 너무 두렵기 때문이다. 많은 돈을 벌지는 못하더라도, 위험성과 스트레스가 적은 일을 하며 안정적으로 살고 싶다.

Words   scary 무서운   stable 안정적인

I have never thought about ~ ~에 대해 생각도 해 본 적 없다

☐ I have never thought about leaving Korea.

나는 한국을 떠난다는 생각은 해 본 적 없다.

☐ She has never thought about getting another job.

그녀는 다른 직업을 가진다는 생각은 해 본 적도 없다.

☐ Liam has never thought about learning how to dance.

리엄은 춤을 배운다는 생각은 해 본 적도 없다.

Make your own diary using the pattern.

위의 패턴을 사용해서 자신만의 일기를 써 보세요. 어렵다면 그대로 따라 써 보세요.

When do you feel most proud of yourself?

자신이 가장 자랑스럽게 느껴질 때는 언제인가요?

I am most proud of myself when I feel I have done my best no matter what the outcome is. I sometimes **feel tempted to** finish things quickly, especially when I'm tired. However, I try to do my best to maintain self-confidence.

결과에 관계없이, 나는 최선을 다했다고 느낄 때 스스로가 자랑스럽다. 때로는 나도 일을 빨리 끝내고 싶다는 유혹을 느끼는데, 몸이 피곤할 때는 더욱 그렇다. 하지만 나 자신의 자부심을 유지하기 위해 늘 최선을 다하려고 노력한다.

Words outcome 결과   do one's best 최선을 다하다

feel tempted to ~하고 싶어지다

☐ He felt tempted to get out of the town.

그는 마을을 떠나고 싶어졌다.

☐ She felt tempted to skip class.

그녀는 수업을 빼먹고 싶어졌다.

☐ I felt tempted to go home and rest.

나는 집에 가서 쉬고 싶어졌다.

Make your own diary using the pattern.

위의 패턴을 사용해서 자신만의 일기를 써 보세요. 어렵다면 그대로 따라 써 보세요.

What was your biggest expense this month?

이번 달의 가장 큰 지출은 무엇이었나요?

The biggest expense I had this month was buying a new laptop. I replaced my old one, which had become too slow. Since I tend to use things for a long time after purchasing, **I opted for** a laptop with the best specifications.

이번 달의 가장 큰 지출은 새 노트북을 구입한 것이다. 기존에 쓰던 노트북이 너무 느려져서 바꿨다. 나는 물건을 한 번 사면 오래 쓰는 편이라, 가장 사양이 좋은 모델로 구입했다.

Words expense 지출   replace 대체하다   specification 사양, 규격

I opted for ~ 나는 ~를 선택했다

☐ I opted for a healthy lifestyle.
나는 건강한 라이프스타일을 선택했다.

☐ I opted for safety over excitement.
나는 재미보다 안전을 선택했다.

☐ I was tired, so I opted for rest.
나는 피곤해서 휴식을 선택했다.

My own diary

Make your own diary using the pattern.
위의 패턴을 사용해서 자신만의 일기를 써 보세요. 어렵다면 그대로 따라 써 보세요.

What do you prefer, teaching or learning?

가르치는 것과 배우는 것 중 어느 쪽을 선호하나요?

I prefer learning over teaching. At this point, I think **I have to** learn more rather than teach others. Someday, when I gain more expertise, I want to experience the joy of teaching.

나는 누구를 가르치는 것보다 배우는 것을 선호한다. 지금은 누군가에게 가르침을 주기보다 더 배워야 한다고 생각한다. 언젠가 지금보다 전문성이 생기게 되면 가르치는 기쁨도 경험해 보고 싶다.

Words prefer ~를 선호하다   expertise 전문성   experience 경험하다

I have to ~ 나는 ~를 해야 한다

☐ I have to go now.

나 이제 가야 해.

☐ I have to start working out.

나는 운동을 시작해야 해.

☐ I think I have to change my job.

나 직업을 바꿔야 할 것 같아.

Make your own diary using the pattern.

위의 패턴을 사용해서 자신만의 일기를 써 보세요. 어렵다면 그대로 따라 써 보세요.

Is there anything you should have done today?

오늘 했어야 했는데 그렇지 못한 일이 있나요?

I should have studied English today, but I haven't started yet. To get the English score I need for promotion, **I promised myself to** watch video lectures after work. I should watch at least one video after writing this diary.

오늘 영어 공부를 했어야 했는데 아직 시작하지 못했다. 승진에 필요한 영어 점수를 따기 위해, 나는 퇴근 후에 동영상 강의를 보기로 스스로와 약속했다. 이 일기를 다 쓰면 최소한 강의 한 편은 봐야겠다.

Words promotion 승진   lecture 강의

I promised myself to 나는 ~하기로 스스로와 약속했다(~하기로 결심했다)

☐ I promised myself to work harder.
나는 더 열심히 일하기로 결심했다.

☐ She promised herself to reach her goal.
그녀는 목표를 달성하기로 결심했다.

☐ Lucas promised himself to get up early.
루카스는 일찍 일어나기로 결심했다.

My own diary

Make your own diary using the pattern.
위의 패턴을 사용해서 자신만의 일기를 써 보세요. 어렵다면 그대로 따라 써 보세요.

Do you think that you make enough money?

스스로 돈을 충분히 번다고 생각하나요?

I don't think I make enough money right now. Although it covers my rent and living expenses, I want to keep building my savings. To do this, **I have been working on** building my career and self-development to raise my value.

나는 현재의 수입이 충분하지 않다고 생각한다. 집세나 생활비 정도는 커버할 수 있지만, 가능하면 지금보다 저축을 늘리고 싶다. 이 목표를 이루기 위해 커리어 쌓기와 자기 계발을 통해 내 몸값을 올리려고 한다.

Words cover (비용 등) 지불할 돈이 있다   living expense 생활비

166

I have been working on ～ 나는 ~를 진행 중이다

☐ I have been working on a novel. 나는 소설 쓰기를 진행 중이다.

☐ He has been working on designing a new model.
그는 새 모델 디자인을 진행 중이다.

☐ We have been working on this project for three years.
우리는 이 프로젝트를 3년째 진행 중이다.

My own diary

Make your own diary using the pattern.
위의 패턴을 사용해서 자신만의 일기를 써 보세요. 어렵다면 그대로 따라 써 보세요.

Where do you get inspiration from?

당신은 어디에서 영감을 얻나요?

I get inspiration from my role models. **When I feel my work is not going well, I** research and read about the experiences of people who have succeeded in my field. By seeing how they resolved problems, I can gain insights into my work.

나는 롤 모델들을 통해 영감을 받는다. 일이 잘 풀리지 않을 때면 나와 같은 분야에 서 성공한 사람들의 경험을 찾아서 확인한다. 그들이 문제를 해결했던 방법을 보면 서 내 일에 대한 통찰을 얻을 수 있다.

Words inspiration 영감, 동기   resolve 해결하다   insight 통찰력

When I feel ~, I ~ 나는 ~할 때 ~를 한다

☐ When I feel sad, I listen to my favorite song.
나는 슬플 때 가장 좋아하는 음악을 듣는다.

☐ When he feels down, he eats chocolate.
그는 기분이 다운될 때면 초콜릿을 먹는다.

☐ When I feel bored, I always look for something exciting.
나는 지루할 때면 항상 신나는 것을 찾는다.

My own diary

Make your own diary using the pattern.
위의 패턴을 사용해서 자신만의 일기를 써 보세요. 어렵다면 그대로 따라 써 보세요.

Where do you want to see yourself in 10 years?

10년 후의 당신은 어떤 모습일까요?

In 10 years, I see myself in a position where I can mentor the next generation. While I'm **focusing on** work right now, I want to share my knowledge in the future. Positively impacting the world is as fulfilling as achieving professional success.

10년 후에는 후배들에게 멘토가 되는 역할을 하고 있을 것 같다. 당장은 일에 집중하고 있지만, 언젠가는 내가 쌓은 지식을 나누고 싶다. 세상에 좋은 영향력을 끼치는 일은 직업적으로 성공하는 일만큼 멋지니까.

Words generation 세대   impact ~에 영향을 주다   fulfilling 보람찬, 성취감을 주는

focus on ~에 집중하다

☐ I can't focus on anything.
어떤 것에도 집중을 할 수가 없다.

☐ I need to focus on my work this week.
이번 주에는 제 일에 집중해야 합니다.

☐ Just focus on driving.
운전에만 집중해 주세요.

Make your own diary using the pattern.

위의 패턴을 사용해서 자신만의 일기를 써 보세요. 어렵다면 그대로 따라 써 보세요.

스마트폰으로 QR코드를 인식하면
MP3를 바로 들을 수 있습니다.

MP3

PART 4

인간관계

My Own Three-sentence English Diary

Are you an introvert or extrovert?

당신은 내향적인 사람인가요, 외향적인 사람인가요?

If I had to choose, I would **lean** more **towards** being introverted. After socializing or meeting people, I need some quiet time to myself. I recharge and regain my energy during these calm moments.

하나를 골라야 한다면, 나는 내향적인 쪽에 더 가까운 것 같다. 사교적인 활동을 하거나 사람들을 만난 후에는 혼자 조용히 시간을 보낼 필요가 있다. 그 고요한 순간을 통해 충전을 하며 다시 에너지를 얻는다.

Words introvert 내향적인   extrovert 외향적인   socializing 사교 활동   recharge 충전하다   regain 다시 얻다

lean towards ~로 마음이 기울다

☐ I'm leaning towards buying a used car.
나는 중고차를 사는 것으로 마음이 기울고 있다.

☐ I'm leaning towards a blue dress.
나는 파란색 드레스로 마음이 기울고 있다.

☐ She is leaning towards quitting her job.
그녀는 일을 그만 두려고 하고 있다.

My own diary

Make your own diary using the pattern.
위의 패턴을 사용해서 자신만의 일기를 써 보세요. 어렵다면 그대로 따라 써 보세요.

Who is the most positive person you know?

당신이 아는 가장 긍정적인 사람은 누구인가요?

The most positive person I know is my mentor from my previous job. He always had an optimistic approach to challenges and viewed them as opportunities **rather than** setbacks. His positive outlook greatly influenced my professional attitude.

내가 아는 가장 긍정적인 사람은 전 직장에서 만난 멘토였다. 그는 언제나 도전을 긍정적으로 받아들이고, 이를 장애물이 아닌 기회로 생각하는 사람이었다. 그의 긍정적인 관점은 내 직업적인 태도에도 큰 영향을 미쳤다.

Words previous 이전의   optimistic 낙관적인   setback 차질, 방해   outlook 전망, 견해

A rather than B B보다는 A이다

☐ I prefer to sing <u>rather than</u> dance.

나는 춤보다는 노래를 선호해.

☐ I will have a cup of tea <u>rather than</u> coffee.

나는 커피보다는 차를 마실래.

☐ It would be better to go by bus <u>rather than</u> on foot.

걷기보다는 버스를 타고 가는 편이 나을 거야.

My own diary

Make your own diary using the pattern.

위의 패턴을 사용해서 자신만의 일기를 써 보세요. 어렵다면 그대로 따라 써 보세요.

Are you good at
making new friends?

당신은 새로운 친구를 잘 사귀는 편인가요?

I don't think that I make new friends as quickly as others. Over time, **I've come to** value the quality of friendships over quantity. This approach has helped me build stronger bonds with those I meet.

나는 다른 사람들만큼 친구를 빨리 사귀는 편은 아닌 것 같다. 시간이 지나면서 친구의 양보다는 질이 더 중요하다고 생각하게 되었다. 이런 접근법이 내가 만나는 사람들과 더 강한 유대감을 만들어 주었다.

Words value ~에 가치를 두다   quality 질   quantity 양   approach 접근법   bond 유대감

I've come to ~ 나는 ~하게 되었다

☐ I've come to like this book.
나는 이 책을 좋아하게 되었다.

☐ I've come to understand the joke.
나는 그 농담을 이해하게 되었다.

☐ I've come to realize I'm not right.
나는 내가 틀렸다는 걸 깨닫게 되었다.

Make your own diary using the pattern.
위의 패턴을 사용해서 자신만의 일기를 써 보세요. 어렵다면 그대로 따라 써 보세요.

Who do you count on when you need help?

도움이 필요할 때 의지할 수 있는 사람이 있나요?

When I need help, **I** mostly **rely on** my family. Their warm support and faith during tough times always help me bounce back. Even as I've grown up, my family remains my most trusted source of advice and encouragement.

내가 도움이 필요할 때 주로 의지하는 것은 가족이다. 힘든 시기를 겪을 때도 가족의 따뜻한 응원과 믿음을 통해 다시 일어날 수 있었다. 지금 나는 어른이 되었지만, 우리 가족은 내게 여전히 가장 믿을 수 있는 조언과 격려를 해 주는 사람들이다.

Words count on 의지하다   support 응원, 지지   faith 믿음   bounce back 회복하다
encouragement 격려

I rely on 나는 ~에 의지한다

☐ I rely on my team members.

나는 팀원들에게 의지한다.

☐ When I'm in a hurry, I rely on instant food.

나는 급할 때 인스턴트 음식에 의지한다.

☐ You can rely on me.

나한테 의지해도 돼.

Make your own diary using the pattern.

위의 패턴을 사용해서 자신만의 일기를 써 보세요. 어렵다면 그대로 따라 써 보세요.

Are you good at keeping secrets?

당신은 입이 무거운 편인가요?

I take pride in being good at keeping secrets. There's nothing more important than trust in relationships. It's important to show people the same level of trust that I expect from my friends.

나는 비밀을 잘 지키는 성격에 자부심을 느낀다. 인간관계에서 신뢰보다 더 중요한 것은 없다. 내가 내 친구들에게서 기대하는 것과 동일한 수준의 신뢰를 다른 사람들에게 보여 주는 것이 중요하다.

Words pride 자부심   expect 기대하다

I take pride in ~ 나는 ~에 자부심을 느낀다

☐ I take pride in my job.

나는 내 직업에 자부심을 느낀다.

☐ I take pride in the fact that I made this.

내가 이걸 만들었다는 사실에 자부심을 느낀다.

☐ You should take pride in your hard work.

너는 스스로의 노력에 자부심을 느껴야 해.

Make your own diary using the pattern.

위의 패턴을 사용해서 자신만의 일기를 써 보세요. 어렵다면 그대로 따라 써 보세요.

183

What makes
a good friendship?

'좋은 우정'의 기준은 무엇일까요?

To me, a good friendship is based on mutual understanding and acceptance. Friends should embrace each other's weaknesses **as well as** strengths. Along with trust and honesty, these are the most important aspects of friendship in my opinion.

내게 좋은 우정이란 서로를 이해하고 포용하는 것이라고 생각한다. 친구라면 상대방의 강점뿐만 아니라 약점까지 감싸 안을 줄 알아야 한다. 신뢰 및 정직과 더불어 내 생각에는 이것이 우정에 있어 가장 중요한 점이라고 생각한다.

Words mutual 상호적인, 서로의   acceptance 포용   aspect 측면

A as well as B B뿐만 아니라 A도

☐ I like apples <u>as well as</u> oranges.

나는 오렌지뿐만 아니라 사과도 좋아한다.

☐ He plays the guitar <u>as well as</u> the piano.

그는 피아노뿐만 아니라 기타도 연주한다.

☐ Linda has experience in marketing <u>as well as</u> sales.

린다는 영업뿐만 아니라 마케팅 업무도 경험했다.

Make your own diary using the pattern.

위의 패턴을 사용해서 자신만의 일기를 써 보세요. 어렵다면 그대로 따라 써 보세요.

What topics do you like to talk about?

당신이 좋아하는 대화 주제는 무엇인가요?

I love discussing books, especially sci-fi novels, which I **indulge in** a lot these days. I love talking to people who share my tastes. There's nothing better than sharing some delicious food and wine and talking about sci-fi all night.

나는 책에 대해서, 특히 요즘 빠져 있는 SF 소설에 대해 대화하길 좋아한다. 나는 나와 취향이 같은 사람과 대화하는 것을 좋아한다. 맛있는 음식과 와인을 나누며 밤새 SF 소설에 대한 이야기를 하는 것보다 행복한 것은 없다.

Words discuss ~에 대해 논의하다   taste 취향

indulge in ~ ~에 푹 빠지다

☐ I like to indulge in chocolate on special occasions.
나는 특별한 날에 초콜릿을 즐기는 것을 좋아한다.

☐ They decided to indulge in a movie night with wine.
그들은 와인을 곁들인 영화 보는 밤을 즐기기로 했다.

☐ Elizabeth indulges in meditation to keep her mind calm. 엘리자베스는 마음을 가라앉혀 주는 명상에 푹 빠졌다.

Make your own diary using the pattern.
위의 패턴을 사용해서 자신만의 일기를 써 보세요. 어렵다면 그대로 따라 써 보세요.

Are you a punctual person?

당신은 시간 약속을 잘 지키나요?

I am a punctual person. Growing up, my parents always emphasized the importance of being on time. I **make an effort to** be punctual and usually arrive 10 minutes early everywhere I go.

나는 시간 약속을 잘 지키는 사람이다. 자라는 동안 우리 부모님은 시간을 지키는 것이 얼마나 중요한지 항상 강조하셨다. 나는 시간을 지키기 위해 최선을 다하고, 보통 10분 전에 약속 장소에 도착한다.

Words punctual 시간 약속을 지키는   emphasize 강조하다

make an effort to ~하기 위해 노력하다

☐ I make an effort to work out every day.

나는 매일 운동하려고 노력한다.

☐ He made an effort to help his friend.

그는 친구를 도우려고 노력했다.

☐ She made an effort to improve her skills.

그녀는 자신의 실력을 향상시키기 위해 노력했다.

My own diary

Make your own diary using the pattern.

위의 패턴을 사용해서 자신만의 일기를 써 보세요. 어렵다면 그대로 따라 써 보세요.

189

Who was the last person that surprised you in a good way?

최근에 좋은 의미에서 당신을 놀라게 한 사람이 있었나요?

One of my project members **surprised me** a few weeks ago. Although our project didn't go as planned, he always had a positive attitude. I knew he was about the same age as me, but he seemed very mature.

몇 주 전에 프로젝트 동료 중 한 명이 나를 놀라게 했다. 우리 프로젝트가 계획대로 되지 않았는데도 그는 긍정적인 태도를 잃지 않았다. 그가 나와 비슷한 또래인 것으로 알고 있는데, 정말 성숙한 사람으로 보였다.

Words attitude 자세   mature 성숙한

~ surprised me ~ 때문에 놀랐다

☐ The news surprised me a lot.

나는 그 뉴스 때문에 깜짝 놀랐다.

☐ Your call last night surprised me.

네가 어젯밤에 전화해서 깜짝 놀랐어.

☐ My girlfriend surprised me with a birthday gift.

나는 여자친구가 준비한 생일 선물에 놀랐다.

My own diary

Make your own diary using the pattern.

위의 패턴을 사용해서 자신만의 일기를 써 보세요. 어렵다면 그대로 따라 써 보세요.

Have you made any new friends recently?

최근에 새로 사귄 친구가 있나요?

I recently became close to a woman named Jisu in a reading group. We come from very different backgrounds; for instance, she is ten years older than me and a mother of two. However, during our book discussions, **I found that** we share many tastes.

최근에 독서 모임을 하면서 '지수'라는 여성과 친해졌다. 우리는 서로 굉장히 다른 배경을 갖고 있는데, 예를 들어 그녀는 나보다 나이가 10살이나 많고 두 아이를 키우는 엄마이다. 하지만 우리는 독서 토론을 하면서 서로 겹치는 취향이 많다는 걸 깨달았다.

Words recently 최근   discussion 토론   share 공유하다

I found that ~ 나는 ~를 깨달았다

☐ I found that I was late.

나는 늦었다는 걸 깨달았다.

☐ I found that the museum was closed on Mondays.

나는 그 박물관이 월요일에 닫는다는 걸 깨달았다.

☐ I found that doing yoga helps me sleep better.

나는 요가가 숙면에 도움이 된다는 걸 깨달았다.

Make your own diary using the pattern.

위의 패턴을 사용해서 자신만의 일기를 써 보세요. 어렵다면 그대로 따라 써 보세요.

Who is your oldest friend?

가장 오래된 친구는 누구인가요?

My oldest friend is Kyung-Jin. We first met in kindergarten and have remained inseparable ever since. Even though we went to different schools and chose different career paths, **I am sure** we understand each other more than anyone else could.

내 가장 오래된 친구는 경진이다. 우리는 유치원에서 처음 만났고, 그때부터 서로 떨어질 수 없는 사이로 지내 왔다. 다른 학교에 다녔고 직업도 다르지만, 나는 우리 가 세상 누구보다 서로를 잘 이해한다고 확신한다.

Words kindergarten 유치원   remain ~인 상태로 남아 있다   inseparable (사이가) 떨어 질 수 없는

I am sure ~ 나는 ~라고 확신한다

☐ I am sure that it will rain tomorrow.

내일 비가 오리라고 확신한다.

☐ I am sure we have met before.

우리가 전에 만난 적 있다고 확신해요.

☐ He was sure the team would win the game.

그는 그 팀이 경기에서 이기리라고 확신했다.

Make your own diary using the pattern.

위의 패턴을 사용해서 자신만의 일기를 써 보세요. 어렵다면 그대로 따라 써 보세요.

Do you think you are a resilient person?

당신은 스스로 회복력이 강한 편이라고 생각하나요?

I'm not very resilient. **I struggle to** shake off negative feelings during work. However, I understand that stress is inevitable in social life and I'm trying to become more resilient.

나는 별로 회복력이 강하지 못하다. 일을 하는 동안 부정적인 감정을 떨치기 위해 애를 쓴다. 하지만 스트레스가 사회생활을 하면서 피할 수 없는 부분임을 이해하고 감정적인 회복력을 강화하려고 노력 중이다.

Words resilient 회복력이 강한   shake off 털어 없애다, 떨치다   inevitable 피할 수 없는

I struggle to ~ 나는 ~하려고 애쓴다

☐ I struggle to save money.

나는 돈을 모으려고 애쓴다.

☐ He struggles to resist eating chocolate.

그는 초콜릿 먹는 것을 참으려고 애쓴다.

☐ Students struggle to wake up early in the morning.

학생들은 아침에 일찍 일어나려고 애쓴다.

My own diary

Make your own diary using the pattern.

위의 패턴을 사용해서 자신만의 일기를 써 보세요. 어렵다면 그대로 따라 써 보세요.

Do you ever write letters to people?

누군가에게 편지를 써 본 적이 있나요?

I usually give a handwritten card along with a gift on my family's or friends' birthdays. Handwritten messages convey more warmth than emails. I also plan to write a card for my mom's birthday next month.

나는 보통 가족이나 친구의 생일에 선물과 함께 손으로 쓴 카드를 주는 편이다. 손으로 쓴 메시지는 이메일보다 더 따뜻한 느낌을 준다. 다음 달에 있을 엄마 생신에도 카드를 쓰려고 계획 중이다.

Words handwritten 손으로 쓴   convey 전달하다   warmth 온기, 온정

I usually ~ 나는 보통(평소에) ~한다

☐ I usually wake up at 7 a.m.
나는 보통 오전 7시에 일어난다.

☐ He usually reads a book before bed.
그는 보통 잠들기 전에 책을 읽는다.

☐ My girlfriend and I usually watch a movie on Friday nights. 나와 내 여자친구는 보통 금요일 저녁에 영화를 본다.

My own diary

Make your own diary using the pattern.
위의 패턴을 사용해서 자신만의 일기를 써 보세요. 어렵다면 그대로 따라 써 보세요.

Are you good at saying 'no?'

거절을 잘하는 편인가요?

I struggle with saying 'no' to people. **So much so that** some of my friends have called me the "Yes Man." While I genuinely enjoy helping others, not being able to say no can be problematic, so I'm working on that aspect of my personality.

나는 거절을 잘 못한다. 몇몇 친구들이 나를 '예스 맨'이라는 별명으로 부를 정도이다. 사람들을 도와주는 건 정말 좋지만, 거절을 아예 못하는 것도 문제가 될 수 있으므로 이런 성격을 조금은 고치려고 노력 중이다.

Words genuinely 순수하게 problematic 문제가 있는 aspect 측면

So much so that ~ ~할 정도로

☐ I like chocolate, so much so that I eat it every day.
나는 매일 먹을 정도로 초콜릿을 좋아한다.

☐ He enjoys cycling, so much so that he commutes by
bike. 그는 자전거로 통근할 정도로 사이클을 즐긴다.

☐ Parents love their children, so much so that they can
give them everything. 부모는 뭐든지 줄 수 있을 정도로 자식을 사랑한다.

Make your own diary using the pattern.
위의 패턴을 사용해서 자신만의 일기를 써 보세요. 어렵다면 그대로 따라 써 보세요.

Who do you miss right now?

지금 보고 싶은 사람이 있나요?

I miss my grandfather, who lives in my hometown. He is the person I love most, but our distance prevents us from meeting often. Despite this, I call him every day and, whenever possible, visit his house to spend quality time together.

나는 고향에 살고 계신 할아버지가 그립다. 할아버지는 내가 세상에서 제일 사랑하는 사람이지만, 거리 때문에 자주 뵙지는 못한다. 그럼에도 매일 전화를 드리고, 가능할 때마다 할아버지 댁을 찾아서 소중한 시간을 함께 보낸다.

Words distance 거리   prevent ~를 막다   quality 양질의, 질 좋은

I miss ~ 나는 ~를 그리워한다

☐ I miss my childhood friends.
나는 어릴 적 친구들을 그리워한다.

☐ He misses his mom's apple pie.
그는 엄마의 애플 파이를 그리워한다.

☐ We miss summer vacations by the beach.
우리는 해변에서 보냈던 여름 휴가를 그리워한다.

My own diary

Make your own diary using the pattern.
위의 패턴을 사용해서 자신만의 일기를 써 보세요. 어렵다면 그대로 따라 써 보세요.

Do you often speak with your family?

가족과 대화를 자주 나누나요?

I became independent **some time ago** and don't live with my family right now. But we remain in close communication and call each other often. They are the first I turn to for advice whenever something significant happens.

나는 오래전에 독립해서 지금은 가족과 함께 살지 않는다. 하지만 우리는 지금도 가깝게 대화를 하고 지내며 서로 전화도 자주 한다. 내 삶에 중요한 일이 생기면 언제나 가족에게 가장 먼저 연락해서 상황을 알리고 조언도 구한다.

Words independent 독립한   significant 중요한

some time ago 오래전에

☐ I bought this book some time ago.

나는 이 책을 오래전에 샀다.

☐ She moved to the city some time ago.

그녀는 오래전에 도시로 이사했다.

☐ The family adopted a cat some time ago.

그 가족은 오래전에 고양이를 입양했다.

Make your own diary using the pattern.

위의 패턴을 사용해서 자신만의 일기를 써 보세요. 어렵다면 그대로 따라 써 보세요.

Which do you choose, love or friendship?

사랑과 우정 중 어느 쪽을 택할 건가요?

While it depends on the situation, **I would** lean toward love. A romantic partner is someone I have consciously chosen to be with. There is an unspoken commitment between lovers who always prioritize one another.

상황에 따라 다르겠지만, 나는 사랑 쪽으로 기울 것 같다. 연인은 내가 함께 하기로 신중히 선택한 사람이기 때문이다. 사랑하는 사람들 사이에는 언제나 상대방을 첫 번째로 생각한다는 암묵적인 약속이 존재한다.

Words depend on ~에 좌우되다   lean toward ~쪽으로 기울다   consciously 의식적
으로   commitment 약속   prioritize 우선시하다

I would ~ 나는 (아마도) ~할 것이다

☐ I would read more if I had more free time.

자유 시간이 더 생긴다면 책을 더 읽을 것이다.

☐ I would try it if you recommend it.

네가 추천한다면 시도해 볼게.

☐ If she comes to the party, I would be happy.

그녀가 파티에 온다면 행복할 것이다.

Make your own diary using the pattern.

위의 패턴을 사용해서 자신만의 일기를 써 보세요. 어렵다면 그대로 따라 써 보세요.

If you could be another person for one day, who would you choose to be?

하루만 다른 사람으로 살 수 있다면, 누가 되어 보고 싶나요?

I would choose to be a national athlete **without hesitation**. I have always wondered what having such a muscular physique feels like. Experiencing that for a day might inspire me to pursue a more active lifestyle when I return to my regular self.

망설임 없이 국가대표 운동선수로 살아 보길 택할 것이다. 근육질의 몸을 갖고 살아간다면 어떤 느낌일까 항상 궁금했다. 그런 삶을 하루라도 경험하면 다시 원래의 몸으로 돌아왔을 때도 더 활동적인 삶을 추구할 것 같다.

Words hesitation 망설임 wonder 궁금해하다 physique 체격 inspire 자극하다, 고무하다

without hesitation 망설임 없이

☐ I agreed without hesitation.

나는 망설임 없이 동의했다.

☐ He answered the question without hesitation.

그는 망설임 없이 질문에 대답했다.

☐ She followed her dream without hesitation.

그녀는 망설임 없이 꿈을 좇았다.

Make your own diary using the pattern.

위의 패턴을 사용해서 자신만의 일기를 써 보세요. 어렵다면 그대로 따라 써 보세요.

Is there a person you want to know better?

더 친해지고 싶은 사람이 있나요?

I don't have a specific person I really want to get to know better. However, **I wish to** build stronger relationships with colleagues in my industry. Having many colleagues is helpful for mutual support and shared understanding.

지금 당장 친해지고 싶은 사람이 구체적으로 있지는 않다. 하지만 업계에서 같이 일하는 동료들과 더 가까워지고 싶다는 생각은 한다. 동료가 많이 있으면 서로 도울 수도 있고 공감대를 형성할 수 있어서 도움이 될 것 같다.

Words specific 구체적인   colleague 동료

I wish to ~ 나는 ~를 하고 싶다

☐ I wish to buy a new computer.

나는 새 컴퓨터를 사고 싶다.

☐ Oliver wishes to learn how to play the guitar.

올리버는 기타 연주하는 법을 배우고 싶어 한다.

☐ My sister wishes to paint her room a different color.

우리 언니는 방을 다른 색으로 칠하고 싶어 한다.

My own diary

Make your own diary using the pattern.

위의 패턴을 사용해서 자신만의 일기를 써 보세요. 어렵다면 그대로 따라 써 보세요.

Who was the teacher you remember the most?

가장 기억에 남는 선생님이 있나요?

The teacher I remember the most is my fifth-grade homeroom teacher. Being new to her teaching career, she was incredibly passionate. **I am grateful to** have met such a passionate teacher during such an important time in my life.

내게 가장 기억에 남는 선생님은 5학년 때 만난 담임 선생님이다. 갓 교사로 임용되었는데 열정이 넘치는 사람이었다. 나는 내 인생의 중요한 시기에 그처럼 열정적인 선생님을 만났다는 사실에 감사한다.

Words incredibly 매우   passionate 열정적인

I am grateful to 나는 ~에 감사한다

☐ I am grateful to my parents. 나는 부모님께 감사한다.

☐ I am grateful to you for helping me. 저를 도와줘서 감사해요.

☐ He is grateful to have such a lovely girlfriend.
그는 사랑스러운 여자친구가 있음에 감사한다.

Make your own diary using the pattern.
위의 패턴을 사용해서 자신만의 일기를 써 보세요. 어렵다면 그대로 따라 써 보세요.

Have you argued with someone recently?

최근에 누군가와 말다툼을 한 적이 있나요?

I can't recall arguing with anyone recently. **I dislike conflict, so I always try to avoid it. Although this keeps me from getting into fights, it can be stressful for me at times.

최근에 누구랑 다퉜던 기억은 떠오르지 않는다. 나는 갈등을 싫어해서 항상 피하려고 하는 편이다. 이런 성향 덕분에 싸울 일은 잘 없지만, 가끔은 스트레스를 받기도 한다.

Words ┃ recall 기억하다   conflict 갈등

I dislike ~ 나는 ~를 싫어한다

☐ I dislike broccoli. 나는 브로콜리를 싫어한다.

☐ He dislikes waiting in long lines. 그는 긴 줄을 서는 걸 싫어한다.

☐ Everyone dislikes rude behavior. 모두가 무례한 행동을 싫어한다.

My own diary

Make your own diary using the pattern.
위의 패턴을 사용해서 자신만의 일기를 써 보세요. 어렵다면 그대로 따라 써 보세요.

Who is the most unique person in your life?

인생에서 가장 독특한 사람은 누구인가요?

My college friend Yeong-hee is the most unique person I know. After quitting her stable bank job, she pursued a career as an artist. **I support** her bold decision from the bottom of my heart.

내 대학 친구 영희는 내가 아는 가장 독특한 사람이다. 안정적인 은행 일을 그만 둔 그녀는 현재 예술가의 꿈을 좇고 있다. 나는 그녀의 대담한 결정을 진심으로 지지 한다.

Words pursue 좇다, 추구하다   bold 대담한

I support ~ 나는 ~를 지지한다(찬성한다)

☐ I support my friend's dream.

나는 친구의 꿈을 지지한다.

☐ He supports animal rights.

그는 동물의 권리를 지지한다.

☐ She supports the government's new policy.

그녀는 정부의 새 정책에 찬성한다.

Make your own diary using the pattern.

위의 패턴을 사용해서 자신만의 일기를 써 보세요. 어렵다면 그대로 따라 써 보세요.

How many phone numbers do you have memorized?

기억하고 있는 전화번호가 몇 개인가요?

I've memorized about ten phone numbers, including my own, my family's, and a few close friends. In today's digital age, I know memorizing numbers is optional. Still, **I feel compelled to** remember the important ones, just in case.

나는 나와 가족들, 친한 친구 몇 명을 비롯해서 전화번호를 10개 정도 외우고 있다. 요즘 같은 디지털 시대에 꼭 번호를 외워야 하는 게 아니라는 건 안다. 하지만 만약의 사태를 대비해서 중요한 번호 몇 개는 알고 있어야 할 것 같다.

Words memorize 기억하다   optional 선택적인   compel 강제하다

I feel compelled to ~ 나는 ~해야 할 것만 같다

☐ I feel compelled to help them.
그들을 도와줘야 할 것 같다.

☐ He felt compelled to apologize.
그는 사과를 해야 할 것만 같았다.

☐ She felt compelled to wake up earlier.
그녀는 더 일찍 일어나야 할 것 같았다.

Make your own diary using the pattern.
위의 패턴을 사용해서 자신만의 일기를 써 보세요. 어렵다면 그대로 따라 써 보세요.

Do you have friends you can tell a secret to?

비밀을 털어놓을 수 있는 친구가 있나요?

I have a few friends that I can confide my secrets to. The ones that come to mind are my close college friends. **I am confident that** I can trust them no matter what I tell them and keep my secrets as if they were theirs.

내게는 비밀을 털어놓을 수 있는 친구가 몇 명 있다. 지금 내 머리에 떠오른 것은 친한 대학 동기들이다. 그 친구들이라면 내가 무슨 말을 해도 믿을 수 있고, 내 비밀을 본인의 비밀처럼 지켜 주리라고 자신 있게 말할 수 있다.

Words confide 털어놓다   confident 자신 있는, 확신하는   as if 마치 ~인 것처럼

220

I am confident that 나는 ~를 자신 있게 말할 수 있다

☐ I am confident that we'll succeed.

우리가 성공하리라고 자신 있게 말할 수 있어.

☐ I am confident that she'll pass the test.

그녀가 시험을 통과하리라고 자신 있게 말할 수 있어.

☐ I am confident that the weather will clear up.

날씨가 맑아지리라고 자신 있게 말할 수 있어.

Make your own diary using the pattern.

위의 패턴을 사용해서 자신만의 일기를 써 보세요. 어렵다면 그대로 따라 써 보세요.

What do you want for your birthday?

받고 싶은 생일 선물이 있나요?

I will be delighted if someone gives me a smartwatch as a birthday present. I started running recently, and a smartwatch would help track my records. It would be nice to buy one as a treat for myself, even if no one else gives it to me.

누군가 생일 선물로 스마트 워치를 준다면 기쁠 것이다. 최근에 달리기를 시작했는데, 스마트 워치가 있으면 기록을 추적해서 확인하는 데 도움이 될 테니까. 만약 아무도 주지 않는다 해도, 내가 나를 위한 선물로 하나 구입해도 괜찮을 것 같다.

Words track 추적하다   treat 선물, 대접

I will be delighted if ~한다면 기쁠 것이다

☐ I will be delighted if you come.
네가 온다면 나는 기쁠 거야.

☐ We will be delighted if it doesn't rain tomorrow.
내일 비가 오지 않는다면 우리는 기쁠 거야.

☐ Mother will be delighted if you call her.
네가 전화를 드리면 엄마가 기뻐하실 거야.

My own diary

Make your own diary using the pattern.
위의 패턴을 사용해서 자신만의 일기를 써 보세요. 어렵다면 그대로 따라 써 보세요.